Inhaltsverzeichnis

D1662807

Vorwort

Im Jahr 1997 hätte die Teuringertal-Bahn (TBB) ihr 75. Jubiläum feiern können, wenn nicht die Zeitgeschichte ihr schon früher einen Prellbock gesetzt hätte. Dieser Zeitpunkt war für mich Anlaß genug, einmal in den alten Archivunterlagen zu stöbern und die kleine liebenswerte Nebenbahn etwas näher zu beleuchten. Die TTB war die erste nach Kleinbahn-Richtlinien erbaute Bahn in Württemberg – obwohl zum Zeitpunkt der Inbetriebnahme noch gar kein Kleinbahngesetz verabschiedet war! Geburtswehen, Erwartungen, der ständige Glaube an eine Verlängerung der Strecke und damit an ein höheres Frachtaufkommen, die aufkeimenden Hoffnungen, die Hoch-Zeit während des Krieges sowie der langsame Niedergang in den fünfziger Jahren reizten zu näherer Betrachtung.

Die fast idyllisch zu nennende Streckenführung zuerst an der Rotach, dann an Rohrbach und Riedbach entlang, die Abhängigkeiten von guten Obst-Ernten – dem Frachtgut Obst überhaupt – die kleinen württembergischen T 3-Lokomotiven mit ihren hohen Schloten und nicht zuletzt die mit der TTB verbundenen Menschen geben der Geburtstagsfeier den würdigen Rahmen.

Besonders bedanken möchte ich mich bei Frau Sarolta Büttner, Mercedes Benz-Museum; Frau Barbara Fischer, ehemaliger Ortshistorikerin von Oberteuringen; Herrn Bürgermeister Karl-Heinz Beck von Oberteuringen; Frau Barbara Waibel, Zeppelin Museum; Frau Hildegard Ulmer, den Herren Anton Emele, Heinrich Hunger, Albert Löhle, Josef Nägele, Hubert Vöhringer aus der näheren Umgebung der Strecke; bei der Zahnradfabrik Friedrichshafen; den Herren Kandt und Dr. Wieland vom Stadtarchiv Friedrichshafen; Herrn Manfred Sauter, Prokurist der Zeppelinwerft und den Historikern Gerhard Sanktjohanser und Raimund Hug-Biegelmann sowie bei den Eisenbahnfreunden Richard Junghans, Hans-Joachim Knupfer, Stefan Lauscher, Rolf Lösch, Gerhard Moll, Dr. Günther Scheingraber und Heiner Weiß, ohne deren Mitwirken diese Broschüre nicht entstanden wäre. Die Air Force-Aufnahmen durften mit freundlicher Genehmigung des Ministry of Defence (London) veröffentlicht werden.

Auch wenn wir die Nebenbahn heute nicht mehr erleben können, dieses literarische Denkmal hat sie verdient und mag vielleicht die eine oder andere Erinnerung wecken.

Stuttgart, im November 1996

Werner Willhaus

Zum Jubiläum
31.5. / 1. 6. 97

Werner Willhaus

2

Gründerphase

Das „*Bahnrennen*" an den Bodensee

Friedrichshafen hatte schon in den frühen Planungen der Württembergischen Bahnen eine Sonderstellung inne. Zwischen Bayern und Württemberg entbrannte ein gewisser Wettstreit, wer den Bodensee zuerst erreichen würde. Dieser Umstand führte dazu, daß – obwohl die endgültigen Pläne für den Abschnitt Ulm bis Ravensburg noch nicht vorlagen – die Teilstrecke zwischen Ravensburg und Friedrichshafen vorgezogen und am 8. November 1847 eröffnet wurde. Man nahm eine vorläufige Isolierung dieses Streckenabschnittes in Kauf. Ab dem 26. Mai 1849 konnte man von Ravensburg bis Biberach weiterfahren, und die Anbindung bis Ulm und damit die durchgehende Verbindung von Heilbronn über Stuttgart bis an den Bodensee war schließlich am 1. Juni 1850 erreicht. Zu dieser Zeit führte die bayerische Ludwig-Süd-Nordbahn (Lindau – Hof) erst bis Kaufbeuren.

Lange Zeit blieb die württembergische Südbahn die Hauptverkehrsader für Friedrichshafen. Erst am 1. Oktober 1899 konnte mit der Verbindung nach Lindau eine weitere Bahnstrecke eröffnet werden. Zwei Jahre später, am 2. Oktober 1901, war mit dem Anschluß nach Markdorf die Bodenseegürtelbahn um Friedrichshafen komplettiert.

Bis zur ersten Eröffnung der Teuringertal-Bahn am 31. Mai 1922 war es ein recht steiniger Weg. Betrachtet man die Geschichte der Bahn heute rückwirkend, so hatte die TTB mit nur zehn Kilometer Streckenlänge eigentlich kaum eine wirtschaftliche Rechtfertigung. Allerdings war sie ursprünglich in ein viel logischeres Konzept eingebettet.

Obwohl diese Strecke erst am Ende der Bahnerschließungs-Epoche entstand, hatten erste Planungen, Oberteuringen an das Schienennetz anzubinden, schon viele Jahre vorher eingesetzt. Doch konnten sich die Planer lange Zeit nicht über den Verlauf einig werden.

Oberstes Ziel der Teuringer war ein Staatsbahn-Anschluß. Über einen längeren Zeitraum schien es, als wären die Bürger Oberteuringens diesem Ziel gar nicht so fern. Schon um 1864 wurde eine „*Bodenseegürtelbahn*" projektiert, diese sollte nicht in Ufernähe, sondern etwas tiefer im Hinterland erstellt werden. Die geplante Linienführung ist detailliert aufgelistet, eine fundierte Kostenrechnung mit den in den einzelnen Orten zu erwartenden Fahrgast- und Tonnagezahlen war diesem Werk beigefügt. Die Strecke war vorgesehen:

Baden:	Stockach – Villafingen, Obingen, Salem, Markdorf;
Württemberg:	Teuringen – Ailingen, Meckenbeuren, Tettnang, Oberdorf – Langenargen, Hemighofen – Nonnenbach;
Bayern:	Nonnenhorn – Lindau;

Von dort aus sollten Bregenz, St. Margareten, Chur und Rorschach erschlossen werden.

Denkschrift

über die

Erbauung einer normalspurigen

Neben-
Bahn

über

Ravensburg–Markdorf

Hub,
Eschau,
Bavendorf,
Eggartskirch,
Hefigkofen, Obertheuringen,
Heppach, Leimbach, Markdorf.

Herausgegeben von dem
Eisenbahnkomite Ravensburg=Markdorf.

Visionen und Pläne

Kurz vor der Jahrhundertwende, als die Hauptstrecken in Württemberg an Oberteuringen vorbei gebaut waren, bemühten sich die Interessenten weiter um einen sinnvollen Bahnanschluß. 1896 bildete sich unter der Leitung vom Schultheiß Laub aus Mengen ein *„Eisenbahn-Comité"*, um den Bau einer Bahnverbindung von Mengen über Ostrach, Wilhelmsdorf, Kappel, Hefigkofen und Oberteuringen nach Friedrichshafen in die Wege zu leiten. Die Linie sollte die Südbahn entlasten und wäre zudem noch deutlich kürzer – von Stuttgart aus betrachtet – als diese gewesen. Doch Württemberg wollte keine zweite Hauptbahn, wenn überhaupt, dann sollte lediglich eine Nebenbahn in Frage kommen. Der Ausbruch des Ersten Weltkrieges 1914 stoppte alle weiteren Überlegungen und machte den Bahnträumen ein vorläufiges Ende. Doch unmittelbar nach Kriegsende wurden die Bemühungen zur Erschließung des Hinterlandes um Ravensburg und Friedrichshafen wieder aufgenommen. Die ersten konkreten Planungen des Jahres 1919 sahen die Linie übrigens noch als elektrische Eisenbahn vor.

Zeppelin – Motor der Friedrichshafener Industrie-Entwicklung

Schon seit 1892 hatte sich Graf Zeppelin seinem Plan zum Bau eines Starrluftschiffes gewidmet. 1898 mündete dies in Gründung einer Aktiengesellschaft zur Förderung der Luftschiffahrt. Zeppelins Traum erfuhr eine erste Bestätigung mit dem Start des Z 1 am 2. Juli 1900. Doch die kommerzielle Nutzung ließ zu wünschen übrig. Nicht zuletzt auf Wunsch der Militärbehörden unternahm Graf Zeppelin einen ersten großen Demonstrationsflug mit Wendepunkt in Mainz. Wegen eines Motorschadens mußte er die Reise jedoch in Echterdingen unterbrechen. Nach geglückter Landung trieb eine Sturmböe das Luftschiff auf eine Baumgruppe, das vielbestaunte Wunderwerk wurde ein Raub der Flammen. Spontan startete eine Sammlung zur Förderung der Zeppelinschen Ideen. Über sechs Millionen Mark kamen zusammen und bildeten den neuen Grundstock für den Grafen. Zur Herstellung der Luftschiffe wurde die Luftschiffbau Zeppelin GmbH ins Leben gerufen. Neben der Gründung der Deutschen Luftschiffahrts Aktiengesellschaft (DELAG) zur geplanten Aufnahme des Fahrgastverkehrs führte der Graf das gespendete Volksvermögen einer Stiftung zu, der Zeppelin-Wohlfahrt. Diese sollte später als Heimatsitz der TTB und durch die Gestellung der Führungskräfte für die Bahn noch eine wesentliche Rolle spielen.

Zeppelins Elan zog weitere Firmengründungen nach sich, die meisten davon als Tochterunternehmen der Zeppelinschen Werke. Der Maybach Motorenbau entstand 1911 um die Luftschiffe antriebsseitig im eigenen Haus ausstatten zu können. Da auch keine Getriebe in der gewünschten Qualität verfügbar waren, führte dies 1915 zur Gründung der Zahnradfabrik Friedrichshafen (ZF). So entstanden in relativ kurzer Zeit mehr als 10.000 neue Arbeitsplätze. Die ländliche Bevölkerung war nur zum Teil geeignet oder bereit, sich in die neuen Industriebetriebe umzuorientieren. So förderte die Zeppelin-Wohlfahrt die Erschließung des Hinterlandes bei gleichzeitiger Ansiedlung von Arbeitern. Daher interessierten sich die Stadt Friedrichshafen und auch die mit Zeppelin verbundenen Firmen an einer Bahn im Teuringertal.

BAHN-PROJEKTE
ins Theuringer Tal.

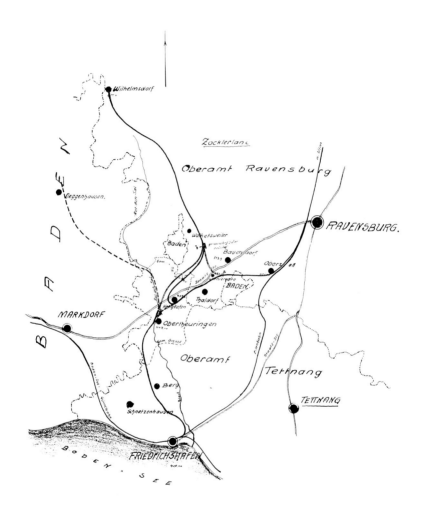

Aufbau mit Geburtswehen

1919

Alle bisherigen Bemühungen hatten eigentlich immer noch das Hauptziel, einen Bahnanschluß durch die Königlich Württembergischen Staatseisenbahnen zu erreichen. Nachdem jedoch immer wieder signalisiert worden ist, daß die Prioritäten der Staatsbahn andere Schwerpunkte hatten, richtete der Eisenbahn-Ausschuß sein Augenmerk verstärkt auf einen privaten Schienenweg. Nach vielen Vorstudien, Modellrechnungen und Eingaben bei der Landeskammer formierte sich am 14. März 1919 ein vorläufiger Eisenbahn-Ausschuß, um den erhofften Bahnbau voranzubringen.

An dieser Versammlung nahmen teil:

Kommerzialrat Colsmann	(Friedrichshafen, Zeppelin-Wohlfahrt)
Stadtschultheiß Mayer	(Friedrichshafen)
Kaufmann Adolf Adorno	(Tettnang)
Gutsbesitzer Roth	(Oberteuringen)
Schultheiß a. D. Sauter	(Hirschlatt)
Schultheiß Mayr	(Langenargen)
Regierungsrat Götte	(Friedrichshafen)

Unverändert war man bestrebt, die Bahn – wenn schon nicht durch die Staatsbahn erbaut – so doch wenigstens durch diese betreiben zu lassen. Die Nähe zur WStE-Lokstation Friedrichshafen bot eine solche Lösung geradezu an. Von freizügigeren Einsätzen der Fahrzeuge bis hin zur effektiveren Personalplanung hätte dies sicherlich gesamtwirtschaftlich gesehen die bessere Lösung dargestellt. Daß in den Gründerjahren ein solches Ansinnen nicht ganz unberechtigt erschien, zeigt ein Schreiben des Württembergischen Ministeriums für auswärtige Angelegenheiten (Verkehrsabteilung), in dem unter anderem ausgeführt ist:

„... Die Eisenbahnverwaltung wird, dem Wunsche der beiden Gesellschaften entsprechend, die Betriebsmittel für die beiden Bahnen gegen Vergütung stellen. Sie ist auch bereit, seiner Zeit die Führung des Betriebes für Rechnung der Gesellschaften zu übernehmen. ..." (Da das Bahnprojekt Oberzell – Wilhelmsdorf immer im Zusammenhang mit der Teuringertal-Bahn gesehen wurde, ist hier von Gesellschaften die Rede).

Am 3. Juli 1919 wurde die Teuringertal-Bahn GmbH gegründet. Mit Erteilung der Konzession vom 14. August 1919 war die rechtliche Grundlage für die Bahn gegeben.

Im Regierungsblatt für Württemberg Nr. 27, ausgegeben Stuttgart, Mittwoch, den 27. August 1919, ist veröffentlicht (Auszüge):

„Bekanntmachung des Ministeriums der auswärtigen Angelegenheiten, Verkehrsabteilung

betreffend die Genehmigung zum Bau und Betrieb der Nebenbahnen Friedrichshafen – Hefighofen

und Oberzell OA. Ravensburg – Wilhelmsdorf. Vom 16. August 1919

Mit Ermächtigung des Staatsministeriums vom 14. August 1919 ist der Teuringertal-Bahn G.m.b.H. in Friedrichshafen die nachstehende Genehmigung zum Bau und Betrieb einer Nebenbahn für den öffentlichen Personen- und Güterverkehr zwischen Friedrichshafen und Hefighofen;

der Stadtgemeinde Ravensburg die nachgesuchte Genehmigung zum Bau und Betrieb einer Nebenbahn für den öffentlichen Personen- und Güterverkehr zwischen Oberzell OA. Ravensburg und Wilhelmsdorf über Hefighofen

unter den in den nachstehenden Genehmigungsurkunden enthaltenen Bedingungen erteilt worden.

Stuttgart, den 16. August 1919   *Hitzler*

§ 7

Für den Bau und den Betrieb der Bahn gelten die Vorschriften der Eisenbahnbau- und Betriebsordnung vom 4. November 1904 für Nebenbahnen.

Die Bahn wird mit Dampf betrieben. Zu einem Wechsel der Betriebsart ist die Genehmigung des Ministeriums der auswärtigen Angelegenheiten, Verkehrsabteilung erforderlich.

§ 8

Für den Bau gelten besondere Bestimmungen:

1. Die Spurweite der Bahn hat 1,435 m zu betragen.

2. In durchgehenden Hauptgleisen sind Krümmungen von weniger als 180 m Halbmesser, im übrigen von weniger als 150 m Halbmesser nicht zulässig.

Die Überhöhung des äußeren Stranges in den Krümmungen soll nicht mehr als 110 mm betragen.

3. Die Längsneigung der Bahn soll das Verhältnis von 1 : 40 nicht überschreiten.

4. Bei Schienenübergängen sind in angemessener Entfernung Warnungstafeln mit den bei der Staatsbahn üblichen Aufschriften anzubringen.

5. In Hefighofen ist die Bahn an den von dem Unternehmen der Nebenbahn von Oberzell OA. Ravensburg nach Wilhelmsdorf herzustellenden Bahnhof nach den Anordnungen der Staatsaufsichtsbehörde anzuschließen. ...

§ 22

Die Genehmigung erlischt am 1. Oktober 2010. An diesem Tag gehen die Bahnanlagen unentgeltlich in das Eigentum des Staates über. ..."

8

Nr. 27.

Regierungsblatt

für

Württemberg.

Ausgegeben Stuttgart, Mittwoch, den 27. August 1919.

Inhalt:

Bekanntmachung des Ministeriums der auswärtigen Angelegenheiten, Verkehrsabteilung,

betreffend die Genehmigung zum Bau und Betrieb der Nebenbahnen Friedrichshafen—Hefigkofen und Oberzell OA. Ravensburg—Wilhelmsdorf. Vom 16. August 1919.

Mit Ermächtigung des Staatsministeriums vom 14. August 1919 ist

1. der Teuringertal-Bahn G. m. b. H. in Friedrichshafen die nachgesuchte Genehmigung zum Bau und Betrieb einer Nebenbahn für den öffentlichen Personen- und Güterverkehr zwischen Friedrichshafen und Hefigkofen,

2. der Stadtgemeinde Ravensburg die nachgesuchte Genehmigung zum Bau und Betrieb einer Nebenbahn für den öffentlichen Personen- und Güterverkehr zwischen Oberzell OA. Ravensburg und Wilhelmsdorf über Hefigkofen

unter den in den nachstehenden Genehmigungsurkunden enthaltenen Bedingungen erteilt worden.

Stuttgart, den 16. August 1919.

Hitzler.

Der vorliegende Abdruck entstammt der Originalakte der Reichsbahn-Direktion Stuttgart mit handschriftlichen Nachträgen, die den durch eine Bekanntmachung des Staatsministeriums vom 9.3.1922 geänderten Rechtsstand richtigstellten. Genehmigt war die Strecke Friedrichshafen – Hefigkofen als Nebenbahn, wurde aber letztlich als erste Kleinbahn in Württemberg ausgeführt.

Wie zu sehen ist, war die Bahn von der Planung und Genehmigung eigentlich bis Hefigkofen vorgesehen. Dort wiederum sollte die Linie Anschluß an die geplante Privatbahn Oberzell (Staatsbahn-Anschluß) – Hefigkofen – Wilhelmsdorf haben. Diese für die Stadt Ravensburg konzessionierte Strecke hätte den Pendelverkehr und die Gütertransporte Richtung Bodensee sicherlich stark erweitert. Auch in Oberzell hätte die Strecke einen Anschluß an das Staatsbahnnetz gehabt. Diese Bahn kam aber über das Papierstadium nicht hinaus. So blieb es letztlich bei der Verbindung Friedrichshafen – Oberteuringen. Mit den Bauarbeiten betraut wurde, da dort schon Erfahrungen mit Bahnbauten vorlagen, das in Stuttgart ansässige Baugeschäft Sebastian Weh. Dies geschah unter der Auflage, daß vorwiegend *„Häfler"* (Friedrichshafener) Arbeitslose zu beschäftigen seien. Diese Vorgabe ist bemerkenswert, denn bei vielen anderen Bahnbauten um diese Zeit setzte man vor allem italienische Bauarbeiter ein.

Aus den Planungen entwickelten sich konkrete Schritte. Als erster Geschäftsführer der TTB wurde Regierungsbaumeister Weigelin berufen, dem auch die Überwachung der Bauausführungen oblag. In einem Sitzungsprotokoll der *„Teuringertal-Bahn"* vom 8. November 1919 sind die ersten Käufe festgehalten und erste Bauarbeiten dokumentiert. Von den Firmen A. Futter in Berlin und Orenstein und Koppel (O&K) wurden je 3.000 Meter gebrauchte Gleise gekauft. Hinzu kamen insgesamt 6.000 Schwellen, zu Hälfte ebenfalls bereits gebraucht. Des weiteren ist vermerkt: *„Die Grabarbeiten 1. Los sind in ca. 10 Tagen beendet."*

Am 22. Dezember 1919 wurde die Teuringertal-Bahn GmbH in das Handelsregister eingetragen.

1920

Erste Ansätze zur Entstehung der Reichsbahn reichen bis in die Zeit des Ersten Weltkrieges zurück. Schon damals wuchs der Drang, die ehemaligen Länderbahn-Gesellschaften in eine Reichsverwaltung mit einheitlichen Normen zu überführen. Mit der zwangsweisen Abdankung des Kaisers und der jeweiligen Landesfürsten 1918 und der Weimarer Reichsverfassung von 1919 formierte sich aus den ehemaligen Länderbahnen, zu denen auch die Königlich Württembergischen Staatsbahnen (Kurzbezeichnung KWStE, im Volksmund: *„Komm Weib steig ein"*) gehörten, die Deutsche Reichsbahn. Mit Staatsvertrag wurden zum 1. April 1920 die einzelnen Ländergesellschaften dem Reichsvermögen eingegliedert, die Gründung der Reichsbahn vollzogen. Trotzdem tauchten auch noch mehrere Jahre lang in den Schreiben und auf den Briefköpfen die alten Hoheitsbezeichnungen auf. Mit der Gründung der Reichsbahn wurden auch die Lokomotivnummern und Wagenbezeichnungen neu geregelt. Doch auch hier gab es zum Teil lange Übergangszeiten.

Die langsam aber stetig steigende Inflation und die auf eine Krise zusteuernde Wirtschaft zeigten erste Auswirkungen: Die Materialbeschaffung bereitete oftmals unerwartete Schwierigkeiten, und die Finanzausstattung des Unternehmens mußte ständig nach oben korrigiert werden.

Die anliegenden Industrien zeigten sich der Bahn durchaus aufgeschlossen. Schon lange vor offizieller Inbetriebnahme der Bahn hatte die TTB bereits den ersten Gleisanschließer, die Zahnradfabrik Friedrichshafen (ZF) – in den Anfangsjahren mitunter aus einer Mischung von Skepsis und Liebenswürdigkeit auch *„Zackenbude"* genannt. Bereits am 14. September 1920 wurden die Güterzufahrten für die Zeppelin-Wohlfahrt (im Geschäftsbericht wurde das Tochterunternehmen ZF noch so bezeichnet) und die Firma Theurer genehmigt (hier konnte leider nicht in Erfahrung gebracht werden, ob dieser Anschluß realisiert wurde – eventuell handelt es sich hier um das spätere Sägewerk Reutter).

Genau in dem Gleisbogen, wo die Teuringertal-Bahn vom parallel laufenden Staatsbahngleis abbiegt, siedelte auf der Gemarkung Löwental die ZF. Kurz vor dem Gleisbogen lag der Anschluß des Werkes. Der Verkehr dorthin wurde zunächst aber noch mit Lokomotiven der Reichsbahn abgewickelt, was sich zu dieser Zeit durch die räumliche Nähe zum Güterbahnhof Friedrichshafen auch anbot. Tatsächlich nachgewiesene Einnahmen aus dieser Zeit sind allerdings nirgends registriert.

In einem Situationsbericht vom 1. September 1920 klingen die Bauerfolge noch relativ positiv (damalige Kilometerangaben, später plus 1,6):

„Gleisarbeiten fertig bis km 4,418

Grabarbeiten fertiggestellt bis km 8,500

In Arbeit sind 8,500 bis 9,000

Ausstehend sind noch die Grabarbeiten von Unterteuringen bis Oberteuringen".

Des weiteren ist notiert: *„Das Bahnhofsgleis BERG ist betriebsfähig"*, sowie: *„Telefon liegt bis Berg (noch nicht angeschlossen)".*

Um doch schon Einnahmen erzielen zu können, beschloß man, ab sofort (1. September 1920) den Obstverkehr ab Berg aufzunehmen. Dies konnte in Ermangelung eigener Fahrzeuge nur mit Material der Reichsbahn erfolgt sein.

Ende 1920 bestanden aber wiederholt Probleme bei der Materialbeschaffung. In der genannten Niederschrift ist von *„Schwierigkeiten, Gleis zu beschaffen"* die Rede, mit einer Auflistung, was alles versucht worden war, welche Firmen absagten oder bereits getätigte Aufträge zurückgaben.

Doch nun kam verstärkt Sand in das junge Räderwerk der Bahngesellschaft. Eine Streckenbegehung am 24. November 1920 ergab folgendes Bild: Bis zum Bahnkilometer 5,400 ist die Bahn samt Oberbau, von da ab nur im Unterbau fertiggestellt. Eine Kostenaufstellung zeigte das Hauptproblem, die inflationsbedingt davonlaufenden Preise. Geschätzte 1,4 Millionen Mark seien zu den bereits aufgewendeten 1,997 Millionen Mark für den Weiterbau erforderlich. Mit einer Sofortbereitstellung von 400.000,- Mark sollte gesichert werden, daß der Bau nicht zum Erliegen kam.

Doch es ging nur noch schleppend weiter. Am 1. Februar 1921 wurden zwischen Bahnkilometer 5,400 und 5,700 die Gleise verlegt. Zur Absicherung der Arbeiten mußte ein großer Teil des bereits verbauten Gleismaterials verpfändet werden.

Mehrfach war über den Winter erneut versucht worden, die Reichsbahn zu einer Übernahme der Strecke zu bewegen. Doch die G.D. Stuttgart (Generaldirektion Stuttgart – spätere Reichsbahn-Direktion Stuttgart) antwortete der TTB, *„daß das Reichsfinanzministerium Berlin vom Etat der K.G.D. Stuttgart die Hälfte gestrichen habe,* *was gleichbedeutend mit der Einstellung sämtlicher Nebenbahnbauten in Württemberg sei."*

Offen war zu diesem Zeitpunkt auch noch immer die Frage der Betriebsführung der Bahn.

Nur ein schwacher Trost war, daß die Bahn nun über ein eigenes Baubüro verfügte. In einer Baubaracke der Zeppelin-Wohlfahrt, Ecke Scheffel- und Katharinenstraße in Friedrichshafen, konnte die TTB auch telefonisch unter dem Nebenanschluß 222 erreicht werden.

Die inflationären Zeiten erzwingen einen Blick auf die finanziellen Hürdensprünge des Unternehmens, welche durch die Zeitumstände hervorgerufen waren. Am 3. Juli 1919 wurde im ersten Gesellschaftervertrag das Unternehmen mit einer Kapitalausstattung von 1.277.000,- Mark ausgerüstet. Bereits in der Notariatsurkunde vom 14. November 1919 ist die Kapitalerhöhung auf 1.977.000,- Mark eingetragen.

Nochmals nachgebessert wurde die Kapitalausstattung der Teuringertal-Bahn G.m.b.H. um 345.000,- Mark auf nunmehr 2.322.000,- Mark. Die Verteilung sah wie folgt aus:

Oberamt (OA) Tettnang	400.000,- Mark
Stadtgemeinde Friedrichshafen	1.600.000,- Mark
Gemeinde Oberteuringen	230.000,- Mark
Gemeinde Schnetzenhausen	25.000,- Mark
Gemeinde Berg	67.000,- Mark
Stammkapital	2.322.000,- Mark

1921

Am 16. April 1921 fiel in der Aufsichtsratssitzung der Beschluß, mit der Württembergischen Nebenbahn AG (WN) in Verhandlungen wegen einer Betriebsführung und der erforderlichen Betriebsmittel zu treten. Erste Vorgespräche hierzu fanden bereits am 23. Februar und 9. April statt. Doch auch diese Bemühungen sollten sich bis ins nächste Jahr hinziehen.

Der Situationsbericht vom 19. Oktober 1921 führt aus, daß die Gleisarbeiten am Bahnhof Oberteuringen fertiggestellt sind. Das Empfangsgebäude mit angrenzendem Güterschuppen – es mußte übrigens gegenüber den ursprünglichen Plänen aus Kostengründen deutlich verkleinert werden – sei im Rohbau fertig und bereits eingedeckt. Das Angestellten-Gebäude mit vier Wohnungen ist – wie begründet wird – wegen mangelhafter Waggongestellung erst bis zur Sockelhöhe gebaut. Im Bahnhof Berg sind die geplante Wartehalle und der Güterschuppen mit Nebengebäude im Rohbau fertiggestellt. Auch erwähnt ist in dieser Aufnahme, daß nach wie vor keine eigenen Betriebsmittel beschafft worden sind. Dies wurde in einem Bericht vom 4. Dezember 1921 erneut vermerkt.

Während einer Zeppelinfahrt entstand 1921 diese Luftaufnahme von Friedrichshafen. Im Vordergrund ist das Werk der Zahnradfabrik (ZF) im Gleisbogen der noch im Aufbau befindlichen TTB zu erkennen (oben). Das hintere Werkstor mit dem Gleisanschluß der Zahnradfabrik, ebenfalls um 1921 (unten).

Archiv: Zahnradfabrik Friedrichshafen

1922

In der Aufsichtsratssitzung am 26. Januar 1922 konnte leider noch nicht viel Positives berichtet werden:

„Durch die ungünstige Witterung (extrem kalt) ist der Fortgang der Arbeiten an den Hochbauten noch immer angehalten".

Die Gleisarbeiten hingegen sind nun endlich so weit beendet, daß die damit beauftragte Firma Weh, Stuttgart, Ende Januar 1922 die Baustelle verläßt. Am Bahnhof Oberteuringen soll ein Lokschuppen aus Holz, das vom Forstamt zugewiesen wird, erbaut werden. Im Aufsichtsratsprotokoll tauchen nun auch erste Hinweise auf die zu beschaffenden Betriebsmittel auf. Debattiert wurde über eine von der Württembergischen Nebenbahn AG angebotene *„T 3-Lokomotive"*, die 275.000,- Mark kosten sollte. Die TTB wollte diese Lok kaufen. Ob es sich dabei um die spätere *„120"* handelte, konnte nicht mehr ermittelt werden, es ist aber eher unwahrscheinlich.

Privatbahnzeit

Die Vertragsverhandlungen mit der Württembergischen Nebenbahn AG (in den Schreiben verwendetes Kürzel ist Wüna, später Wünag oder WÜNAG) waren so weit fortgeschritten, daß ein Vertragsentwurf zur Betriebsführung vorlag. Da die TTB unsicher war, ob dieser Betriebsvertrag ihre Belange ausreichend berücksichtigte, ließ sie sich von der Hohenzollerischen Landesbahn AG, vertreten durch Herrn Geheimrat Leibbrand, ein Gutachten über diesen Vertrag erstellen. Diese Abmachungen wurden dann nach einigen kleineren Änderungen freigegeben.

Der Ende Januar unterzeichnete Vertrag sah die Betriebsführung zunächst für ein Jahr vor. Zur Inbetriebnahme gewährte der Aufsichtsrat einen Vorschuß auf das Betriebskapital in Höhe von 200.00,- Mark an die Wüna. Als *„Entlohnung"* für die Betriebsführung wurden 10.000,- Mark je Jahr zuzüglich zehn Prozent des Überschusses, mindestens jedoch 10.000,- Mark vereinbart, also eine Garantiesumme von 20.000,- Mark. Der Vertrag erhielt eine Klausel, die Auszahlung bedarfsweise zu erhöhen, und zwar angelehnt an eine etwaige Erhöhung der Gehaltsbezüge der Angestellten.

Im März 1922 war das Ende der Bauarbeiten abzusehen, und es wurden konkretere Planungen zum Betriebsbeginn erstellt. Im Gesellschafterprotokoll vom 18. März 1922 ist vom absehbaren Abschluß der Rohbauarbeiten in acht bis zehn Tagen die Rede.

Die ersten Fahrzeuge

In diesem Schriftstück findet sich auch ein Hinweis auf die erste Lok der TTB. Direktor Nefflein von der WN erlaubte sich die Beurteilung: *„Die gekaufte B-Lok ist* (wegen des relativ hohen Gewichtes und wegen des Tenders) *unwirtschaftlich".* Dieser stelle für eine solch kurze Strecke eine zusätzliche Belastung dar. Auch sei

Teuringertal-Bahn.

Fahrplan gültig vom 15 Mai 1922.

	𝔖 11²⁰ 𝔚		ab Rorschach an	𝔖 10⁴⁵		
	𝔖 1¹⁵		an Friedrichshafen Stadt ab	𝔖 9⁰⁰ 𝔚		
	𝔖 12²⁵ 𝔚	𝔖 3³⁵	ab Romanshorn an	𝔖 9⁵⁰	𝔖 2⁴⁰	
	𝔖 1¹⁵	𝔖 4⁴⁵	an Friedrichshafen Stadt ab	𝔖 9⁰⁰ 𝔚	𝔖 1⁵⁰	
𝔖 6⁵⁰ 5²¹	𝔖 11⁴¹ 8²⁵	𝔖 1³⁰ 2¹² 4⁵⁴	ab Konstanz an	4ᵗ 7⁴⁵ 9¹⁵	6¹² 5³⁴⁰	5¹⁶ 5¹¹ 7⁶
𝔖 8⁰⁵ 8²²	𝔖 1¹⁵ 11⁴⁵	𝔖 9¹⁵ 4¹¹ 5⁴⁰	an Friedrichshafen Stadt ab	7⁴⁵ 8³³	2²¹ 5²¹⁵	5⁵⁵ 5⁴²
7⁴¹	𝔖 12⁴⁰ 11¹⁴	𝔖 9³⁶ 4¹⁵	ab Lindau an	8¹⁶ 9¹³	5³⁰⁵ 2²⁰	5⁷⁴⁵ 6¹²
8³¹	𝔖 4⁵⁵ 11⁵³	𝔖 4⁵⁰ 5⁰⁶	an Friedrichshafen Stadt ab	5 7³⁰ 1²²	5¹⁴⁰ 1³⁰	5 6¹⁵ 5⁴²
5⁵⁵	10⁵⁵ 12¹⁵ täglich	1⁰⁵ Dab Nachts täglich	ab Ulm an	2³³	2⁵⁴ Nachts	7²¹ 5 7 täglich
7⁴⁴	12⁴⁵ 1²⁵	4⁵⁴	an Friedrichshafen Stadt ab	10⁵¹	● 2¹²	5²² 5⁴⁵
8⁴⁵	2⁰⁵	5¹⁵	ab Friedrichshafen Hafen an	7²⁴	1⁵²	5⁰²
8²⁰	2¹¹	5²⁰	an Friedrichshafen Stadt ab	7²⁰	1²⁶	4⁵⁵

km	2	4	6		1	3	5
1	8³⁵	2²⁰	5⁴⁵	ab Friedrichshafen Stadt an	6⁴⁵	1²⁰	4⁵⁰
3	8⁴⁴	2⁵⁹	5⁵⁴	Trautenmühle ab	6³⁷	1¹²	4⁴²
4	8⁴⁸	2⁵³	5⁵⁸	Meistershofen	6³³	1⁰⁸	4⁵⁸
6	8⁵⁵	2⁴⁰	6⁰⁵	Berg	6²⁶	1⁰¹	4⁵¹
10	9⁰⁷	2⁵²	6¹⁷	Unterteuringen	6¹⁴	12⁴⁷	4⁴⁹
11	9¹⁰	2⁵⁵	6²⁰	Oberteuringen an ab	6¹⁰	12⁴⁵	4⁴⁵

Zeichenerklärung:
● bedeutet täglich ausgenommen Samstags.
△ " Werktags ausgenommen Samstags.
𝔚 " Werktags.
𝔉 " Sonn- und Feiertags.
𝔖 " Anschluß an Bodenseeschiff.

die Lok in so schlechtem Zustand, daß sie zunächst in der Reichsbahn-Werkstätte Friedrichshafen für 100.000,- Mark instand gesetzt werden müsse. Zudem sei eine Schuppenverlängerung in Oberteuringen notwendig, und zwar um sechs Meter, was mit 30.000,- Mark zu Buche schlagen würde.

Bevor die Lok überhaupt offiziell in Betrieb ging, wurde der Antrag gestellt, sie auszutauschen. Herr Nefflein stellte in Aussicht, rasch Ersatz anbieten zu können. Der zu diesem Zeitpunkt bereits angekaufte Personenwagen stieß ebenfalls auf Kritik. Es war ein vierachsiger Personenwagen mit 78 Plätzen beschafft worden, *„der in- und auswendig in schlechter Verfassung sei"* und dessen Reparatur mindestens 6.500,- Mark kosten würde. Er sei zudem werktags zu groß und sonntags zu klein. Ein kleiner offener *„Bahnwagen"* gehörte ebenfalls schon zum Betriebspark. Das Fahrzeug sei klein und niedrig (eigentlich zu klein), aber man wolle sich damit vorläufig begnügen. Über die T 3-Lokomotive, die in Berlin-Weissensee zur Abholung bereit stand, ist vermerkt:

„Die RBD Berlin macht Schwierigkeiten und will die Überführung der Lok durch das Personal der Wüna unter Dampf nicht gestatten."

Zu dieser *„T 3-Lok"* sei eine Anmerkung gestattet: Viele Nebenbahnen bezeichneten Tenderlokomotiven mit drei gekuppelten Radsätzen, sogenannte C-Kuppler, als T 3-Lokomotiven. Dies besagt deshalb nicht immer, ob hier eine preußische oder württembergische Gattung T 3 gemeint sei.

Vor Betriebsbeginn sollten noch ein kleiner Personenwagen und zwei Verladeböcke beschafft werden.

Der erste Personalstamm setzte sich wie folgt zusammen:

Bahnverwalter Oberteuringen	Lehne
Betriebsassistent	Kirschbaum
Streckenaufseher	Binder
Lokführer	Fischer
Schaffner	Holzner
Heizer	Meichele

mit dem Vermerk: *„Personal durch WÜNA"*

Am 16. Mai 1922 fand die letzte Sitzung vor dem Betriebsbeginn statt, bei der auch die Eröffnungsfeierlichkeiten festgelegt wurden.

In derselben Versammlungs-Niederschrift vor der Bahneröffnung beschloß man die Vergabe eines Installationsauftrages an die Maschinenfabrik Esslingen, die den Lokschuppen, das Dienstgebäude und das Angestellten-Wohnhaus mit elektrischer Beleuchtung ausrüsten sollte. Das Angebot hierüber lautete auf rund 15.000,- Mark. Dagegen mußte Berg sich bis auf weiteres mit einer Petroleum-Beleuchtung begnügen.

Am 31. Mai 1922 verkehrte ein Sonderzug mit Festschmuck um 11.30 Uhr ab Friedrichshafen. An allen Haltstationen fand eine festliche Begrüßung statt, und nach dem Empfang in Oberteuringen gab es ein großes Festbankett. In seiner Grußrede merkte der damalige Präsident der Eisenbahn-Direktion Stuttgart, Dr. Siegel, mit leichter Ironie an:

Teuringertalbahn G.m.b.H., Friedrichshafen a.B.

Friedrichshafen, den 22. Mai 1922.

Ew. Hochwohlgeboren

erlaube ich mir, namens des Aufsichtsrats zu der am Mittwoch, den 31. Mai 1922 stattfindenden

Eröffnung der Teuringertalbahn

ergebenst einzuladen.

Die Abfahrt nach dem vorläufigen Endpunkte Oberteuringen erfolgt auf dem hiesigen Stadtbahnhof vormittags 11.45. Nach der Ankunft in Oberteuringen findet daselbst um 1 Uhr im Gasthof z.„Post" eine gesellige Feier mit gemeinschaftlichem Essen statt. Preis (ohne Getränk) Mk. 50.—.

Die Rückfahrt nach hier wird abends etwa 5 Uhr erfolgen.

Um auch weiteren Kreisen Gelegenheit zu geben, ihrer Freude über dieses volkswirtschaftliche Unternehmen Ausdruck verleihen zu können, findet am gleichen Tage abends von 8 Uhr an auf der Hafenbahnhofterrasse geselliges Zusammensein statt.

Wenn irgend möglich, bitte ich Sie, dieser Einladung Folge zu leisten. Sie werden gebeten, die Teilnahme an der Sonderfahrt und am Festessen bis spätestens Sonntag, den 28. ds. Mts. bei mir anzumelden und wollen Sie hiezu die anliegende Karte verwenden.

Mit vorzüglicher Hochachtung

Stadtschultheiß Schnitzler.

Die feierliche Eröffnung der Teuringertal-Bahn

findet am

Mittwoch, den 31. Mai 1922

und die ordentliche Betriebsaufnahme am Donnerstag, den 1. Juni 1922 statt.

Die verehrte Einwohnerschaft wird gebeten, der Freude über das Zustandekommen dieses volkswirtschaftlich außerordentlich bedeutungsvollen Unternehmens

am Eröffnungstag durch Beflaggen der Häuser

Ausdruck zu verleihen.

Für die Eröffnungsfahrt konnten begreiflicherweise nur in beschränktem Umfange Einladungen ausgegeben werden.

Nach der Rückkehr aus Oberteuringen findet

abends von 8 Uhr ab auf der Hafenbahnhofterrasse

ein geselliges Zusammensein statt, wozu hiermit allgemein Einladung ergeht. Es darf erwartet werden, daß die hauptsächlich interessierte Geschäftswelt dabei stark vertreten ist.

Friedrichshafen, den 26. Mai 1922.

Stadtschultheiß: Schnitzler.

Der Eröffnungssonderzug vom 31. Mai 1922 mit Lok 243 auf Gleis 1 im Stadtbahnhof Friedrichshafen.

Festlicher Empfang des Sonderzuges in Oberteuringen mit Ansprachen der Honoratioren und Aufmarsch der örtlichen Vereine.

Beide Aufnahmen: Archiv der Gemeinde Oberteuringen

„... Die neue Bahn ist als erste Kleinbahn in Württemberg dem Ministerium des Inneren, Abteilung für Straßen- und Wasserbau unterstellt und da in Württemberg ein Kleinbahngesetz nicht bestehe, so begrüße er die betriebsführende Verwaltung, da sie an keinerlei Gesetze gebunden sei! ..." Die Rückfahrt des Sonderzuges erfolgte gegen 5 Uhr nachmittags ab Oberteuringen.

Berg.

Anläßlich der Eröffnung der
Teuringer-Talbahn, findet am
31. Mai von abends 6 Uhr an

Festbankett

mit Tanzmusik

statt, wozu freundlichst einladet

Brugger z. Frieden.

Auf der 10,421 Kilometer langen Nebenbahn von Friedrichshafen nach Oberteuringen begann der fahrplanmäßige Verkehr am Donnerstag, den 1. Juni 1922.

Amtsblatt
der Eisenbahn-Generaldirektion Stuttgart

Nr. 77	**Stuttgart**	**30. Mai 1922**

II. Eisenbahn-Generaldirektion.

Nr. 478. Betriebseröffnung der Teuringertalbahn Friedrichshafen—Oberteuringen.
Nr. 3983.

Am 1. Juni d. J. wird die von der Teuringertalbahn G. m. b. H. gebaute, normalspurige Bahn von Friedrichshafen nach Oberteuringen für den Personen- und Güterverkehr eröffnet. Den Betrieb der Bahn hat die Gesellschaft den Württ. Nebenbahnen A.G. zu Stuttgart übertragen. Die Aufsicht wird über die einer Kleinbahn gleich zu achtenden Bahn vom Württ. Ministerium des Innern ausgeübt.

Wegen der durchgehenden Abfertigung von Personen, Reisegepäck und Expreßgut im Verkehr mit Stationen der Teuringertalbahn wird auf die Bekanntmachungen im Tarifanzeiger verwiesen. Güter, Tiere und Leichen, die vorerst nicht direkt abgefertigt werden können, sind in Friedrichshafen umzubehandeln.

Oberteuringen war festlich herausgeputzt und alles, was Rang und Namen hatte, kam zur Eröffnungsfeier.

Ebenfalls in der Frühphase der Bahn entstand das Foto des Bahnhofs Oberteuringen, im Vordergrund das Angestellten-Wohnhaus. Ganz links die alte „B-Lok".

Aufnahmen: Archiv der Gemeinde Oberteuringen (Familienbesitz: Hubert Vöhringer)

Ein Anschlagplakat des ersten Fahrplans ist erhalten geblieben. Das Original dieser Abbildung ist etwa 80 x 68 cm groß. Die drei Abbildungen oben zeigen (von links nach rechts): Friedrichshafen Hafenansicht; Oberteuringen Dorfeingang; Kirche von Roggenbeuren im Rotachtal, zwei Wegstunden vom Bahnhof Oberteuringen entfernt. Wie man durch die letzte Bildbeschreibung sieht, erhoffte sich die Bahnverwaltung neben dem Gütertransport besonders vom Ausflugsverkehr entstreckende Einkünfte.

Original: Staatsarchiv Ludwigsburg

Mit Schreiben vom 24. Oktober 1922 verwies die Gemeinde Oberteuringen gegenüber dem Oberamt Tettnang auf den Beschluß vom 20. November 1921 des Gemeinderats zur Bezahlung eines Nachschusses über 30.000,- Mark zum Stammkapital der TTB und eines Beihilfe-Darlehens an die Baugenossenschaft Friedrichshafen GmbH mit 10.000,- Mark. Der Schuldentilgungsplan sah 50 Jahresdarlehen bis in die Jahre 1972, 1973, 1974 und 1975 vor!

Dieser an sich relativ unbedeutende Vorgang zeigt deutlich, daß man das Finanzierungskonzept über einen relativ langen Zeitraum gefaßt hatte, waren die Tilgungsvereinbarungen doch immerhin 50 Jahre später wirksam!

Während die Bevölkerung nur zögernd das neue Verkehrsmittel in Anspruch nahm, gab es einen Kunden, der über die gesamte Betriebszeit der Bahn dem Schienenstrang die Treue hielt: Die Firma Hanser! Schon kurz nach der Eröffnung der Bahn stellte J. Hanser den Antrag, in Oberteuringen einen Schuppen für Obsthandel zu erstellen, der wenig später nördlich des Lokschuppens erbaut werden durfte.

1923 Betriebseinstellung!

Die Freude über die neue Bahn war nur von kurzer Dauer. Die Wirtschaftskrise und die parallel laufende Inflation brachte das junge Unternehmen sofort in ärgste Bedrängnis. Bei der Aufsichtratssitzung am 29. Januar 1923, *„einer Krisensitzung"*, wurde eine ernüchternde Aufstellung präsentiert.

In den ersten zwanzig Januartagen wurden durch den Personenverkehr 107.000,- Mark eingenommen – dagegen standen alleine Ausgaben für die Lokkohle von 1,5 Millionen Mark! Auch die Einnahmen für den Gütertransport konnten dieses Mißverhältnis nicht retten. Es wurden aus dem Frachtverkehr eingenommen:

Oberteuringen	217.000,- Mark
Berg	240.000,- Mark
Trautenmühle	417.000,- Mark
ZF	193.000,- Mark

Als sofortige Notmaßnahme wurde der Personalstamm auf das absolute Minimum von drei Personen gesetzt. Erhalten blieben nur die Stellen des Betriebsassistenten, der gleichzeitig Zugführer war, des Lokführers und des Heizers. Alles andere Personal wurde auf andere Dienststellen der WN versetzt.

Doch die Aufsichtsratssitzung am 28. April 1923 stellte die Signale auf *„HALT"*. So erschien drei Tage später im Staatsanzeiger für Württemberg:

„Friedrichshafen 30. April: Der Aufsichtsrat der Teuringertalbahn-Gesellschaft hat in seiner unter dem Vorsitz von Stadtschultheiß Schnitzler gehaltenen Aufsichtsratssitzung einstimmig beschlossen, dem Antrag der Württ. Nebenbahn AG auf gänzliche Betriebseinstellung der Teuringertalbahn ab 1. Mai zuzustimmen. Zur Deckung des Defizits soll etwa ein Drittel der noch vorrätigen Schienen baldmöglichst verkauft werden."

Die Stillegung war zunächst total: Das Personal wurde entlassen. Überliefert ist, daß der junge (als tüchtig bezeichnete) Lokführer Fischer im Luftschiffbau untergebracht werden konnte. Bis zu einer endgültigen Entscheidung pflegte und wartete er auch neben seinem neuen Beruf die Fahrzeuge. An ein schnelles Wiederaufleben der Bahn glaubte wohl zunächst kaum jemand, denn Teile der vorhandenen Schienen wurden zur Deckung von Schulden tatsächlich verkauft.

Am 2. August 1923 traf von der WN ein Schreiben mit der Kündigung des Betriebsvertrags vom 30. Januar 1922 ein. Darin wurde die Betriebsführung zum 1. Oktober 1923 gekündigt.

		4. Friedrichshafen-Oberteuringen.		
	in			
Betrieb eingestellt.	0	Friedrichshafen Stadt 2, 3	ab	Betrieb eingestellt.
	4	Meistershofen		
	6	Berg		
	10	Unterteuringen		
	11	Oberteuringen	an	

Winterfahrplan 1923/24

Die langsame Erholung der Wirtschaft und das Inflationsende im November 1923 brachten neue Hoffnung in das Unternehmen. Nochmals erneuerte die Gesellschaft den Versuch, die Bahn dem Reich anzubieten, doch eine Übernahme durch die Reichsbahn war nicht zu erreichen, selbst der Wunsch nach einer Betriebsführung durch diese wurde abschlägig beschieden.

Die TTB, sie bestand auch nach der Betriebseinstellung weiter, entschloß sich gezwungenermaßen zu einer eigenen Führung des Betriebes.

1924 Mit neuem Mut:

Die TTB war nach wie vor davon überzeugt, daß man die Bahn mit geeignetem Material, einer Verlängerung der Strecke – und damit ausreichendem Frachtaufkommen – gewinnbringend führen könnte. Dazu mußte sie aber laufen!

Noch immer fehlte der Gesellschaft eine zweite geeignete Lokomotive. Die alte große württembergische B-Lokomotive war ja absolut unwirtschaftlich. Für das Frühjahr 1924 notierte der Protokollist, daß die Reichsbahn-Direktion Stuttgart derzeit keine Loks zum Anbieten habe. (Was eigentlich verwunderlich ist, denn die Reichsbahn musterte ab 1924 eine große Zahl ehemaliger Länderbahn-Lokomotiven aus).

Der Fahrplanentwurf zur erneuten Inbetriebnahme der Bahn, er war ganz auf den Anschluß in Friedrichshafen abgestimmt, sah sechs Zugläufe vor. In den Aufzeichnungen sind nämlich nur die An- und Abfahrtszeiten von Friedrichshafen enthalten. Der Einzel-Fahrpreis lehnte sich an die Tarife der Reichsbahn III. Klasse an.

Zur Entlohnung der Hilfskräfte wurden übrigens die Regel-Arbeitsstunden der Reichsbahn zugrunde gelegt. Für einen Schicht- oder Normalarbeiter waren damals monatlich zwischen 234 Stunden und 243 Stunden angesetzt.

1. Zug Oberteuringen – Friedrichshafen

Werktags Friedrichshafen an	6.00 Uhr früh
Sonntags	8.10 Uhr vormittags

2. Zug Friedrichshafen – Oberteuringen

Werktags Friedrichshafen ab	8.45 Uhr vormittags
Sonntags	9.55 Uhr vormittags

3. Zug Oberteuringen – Friedrichshafen

Friedrichshafen an	12.25 Uhr mittags

4. Zug Friedrichshafen – Oberteuringen

Friedrichshafen ab	2.20 Uhr nachmittags

5. Zug Oberteuringen – Friedrichshafen

Werktags Friedrichshafen an	4.55 Uhr abends
Sonntags	7.10 Uhr abends

6. Zug Friedrichshafen – Oberteuringen

Werktags Friedrichshafen ab	6.15 Uhr abends
Sonntags	7.45 Uhr abends

Für die drei vorhandenen Gleisanschließer galt pro Tonne folgender Tarif:

Zufahrt Zahnradfabrik	1,00 Mark
Zufahrt Sägewerk Reutter	3,10 Mark
Zufahrt Trautenmühle	3,50 Mark

zuzüglich eines Nebenbahn-Zuschlags von 300 %

(Die unterschiedlichen Werte ergaben sich aus der Kilometerentfernung).

Um eine halbwegs tragbare Kostendeckung sicherzustellen, stellte die TBB eine Neukalkulation für das zu erwartende Frachtaufkommen zur Neueröffnung auf: Güterwagenaufkommen in Oberteuringen: 145 Waggon á 300 Zentner (15 t), aufgeteilt:

100 Obst
20 Kunstdünger
8 Papierholz
10 Kartoffeln
7 Heu/Stroh

Tatsächlich startete die Bahn nach Neubeginn aber wesentlich besser als erwartet. Obwohl erst im Juni der Betrieb wieder aufgommen worden war, ließen die Frachtergebnisse fast Überoptimismus entstehen. Denn 1924 wurden versandt:

ab Oberteuringen	206 Waggons Obst
	8 Waggons Holz
	2 Waggons Holzkohle
ab Berg	15 Waggons Obst

und auch die empfangene Frachtmenge war beachtlich:

an Oberteuringen	42 Waggons
an Berg	11 Waggons

Im Dezember 1924, die Aussichten der Bahn erschienen gar nicht so schlecht, konnte den Angestellten auf Antrag eine Lohnerhöhung um vier Pfennige pro Stunde bewilligt werden. Ab 1. Januar 1925 betrug der Stundenlohn 69 Pfennige, der Tageslohn bei bezahlten neun Stunden je Tag 6,21 Mark.

1925

Die noch auf Inflationswerte eingetragenen Besitzverhältnisse und die durch Geldentwertung kaum beherrschbaren Kalkulationen machten der TBB erheblich zu schaffen. Als Maßnahme, die Kostenexplosion wenigstens für die interne Rechnung teilweise in den Griff zu bekommen, beschloß die Gesellschaftsversammlung am 7. Januar 1925 die Umstellung der Anteile auf Goldmark. Die Umwertung der 2.322.000,- Mark Anteile auf 25.000,- Goldmark wurde wie folgt vorgenommen:

Gesellschafter	Neue Basis Goldmark
Tettnang	4.300,-
Friedrichshafen	17.230,-
Oberteuringen	2.470,-
Schnetzenhausen	270,-
Berg	730,-
insgesamt	25.000,-

Am 6. April 1925 erfolgte ein neuer Versuch den Weiterbau der Bahn wieder aufzunehmen, diesmal über die Bahnbetriebs-Gesellschaft Lenz & Co. in Berlin. Lenz lieferte ein pauschales Angebot von 120.000,- Mark je Kilometer ab. Die Gegenrechnung des Gesellschafters Friedrichshafen meinte mit 70.000,- bis 75.000,- Mark je Kilometer auskommen zu können.

Gleispläne

BAHNHOF BERG

Weguberg 2 40 m ...

Verladeplatz

Röhrend 0.30 m

7

F.W.Nr. 2

259

436.62 S.O.
288.00 m
326.60 m
278.—
1:400   1:100
5+625.52

F.W. 22

E.B.Nr. 1

6

279

W. A. 5+543.60

280

Rampe

Güterschuppen
Bahnhofsgebäude. Mitte

5

Bahnsteig
Abort

283

282

284

285

281

Ged. Durchl. 1.30 m wt.
Bach Nr. 3/4

5+408.75
B.E.R. 250

4

F.W.Nr. 1/2

Zufahrt

Röhrend 0.30 m wt.
Weguherr ...

256

260

278

OBERTEURINGEN

6
Kohlen
Laternenputzg.

Kohlen
Reinigungsgeb.

10+BH 32

1+400
394.00 m

57

Oberteuringen

53
2

Sch.Str.B. 10+529.29

F.W.Nr. 5

53
1

56

Markung

Verladeplatz

55

5

52

71
2

Rampe

51

Mitte Vorw.Geb. 10+420.85

Güterschuppen

Verwaltungsgebäude

70
7

E.B.Nr. 1

BAHNHOF 4

Bahnsteig
Abort

Dienstwohnges
Hofraum

50

W.Stoß · 10+303.1

Gleiswaage

70
3

3

46.56

Lagerschuppen des Obstverw. Gen. Wege

25

1+400
394.00
166.80 m
448.62 S.O.
10+220.32
1:100

70
4

Dieses Ansinnen, das weitere Hinterland zu erschließen und damit an größere Fracht-gewichte zu kommen, sollte sich auch weiterhin durch die gesamte Geschichte der Bahn ziehen.

Eine grobe Beurteilung der Wirtschaftlichkeit der gebauten Strecke erlaubt die alte Faustformel, mit der die Kleinbahnen damals rechneten: Je Kilometer Streckenlänge müssen in etwa 1.000 t Frachtaufkommen pro Jahr erzielt werden. Für die TTB mit ihren gut zehn Kilometern wären dies also rund 10.000 Tonnen. Bei einer durch-schnittlichen Beladung eines Güterwagens mit etwa 12 - 15 Tonnen hätten somit 700 bis 800 Waggons befördert werden müssen. Viele Jahre mußte sich die Bahn jedoch mit rund 2.000 Tonnen Fracht begnügen, in etwas besseren Jahren (1935, 1937, 1940/41) kamen auch um 5.000 t zustande.

Interessant ist auch ein Blick auf die Kalkulationsgrundlage, welche maximalen Wagenzuladungen seinerzeit angesetzt wurden:

Obst	15 t
Langholz	30 t
Brennholz	20 t
Düngemittel	15 t
Futtermittel	15 t

jeweils pro Wagen.

Man gab sich mit den ungenügenden Zahlen nicht zufrieden. Nachdem die Anbindung an die Querbahn über Hefighofen endgültig ad acta gelegt schien, versuchte man eine Verlängerung der Strecke nach Nordwesten auf badisches Gebiet in Richtung Wittenhofen, um ein größeres landwirtschaftliches Nutzgebiet zu erschließen und zur Erweiterung des Frachtaufkommens beizutragen. In der Aufsichtsratssitzung 1925 wird angemerkt:

„Leider krankt unsere Bahn noch immer an dem alten Übel, daß nur die Teilstrecke bis Oberteuringen ausgebaut ist und es wäre sehr zu begrüßen, wenn der Weiterbau bis Wittenhofen im Jahre 1926 endlich zur Tatsache würde. Ein schönes Land und ein wohlhabender Bezirk würde dadurch dem Verkehr erschlossen, unserer Bahn würden laufend sichere Einnahmen zugeführt, einem dringenden Verkehrsbedürfnis wäre Rechnung getragen und die Rente (Rendite) *der Bahn gegeben.“*

(Vom 5 Juni 1925)				282 f Friedrichshafen—Oberteuringen					(Teuringertalbahn)		
Z 2	Z 6	W 8	F 10	km	(Teuringertal-Bahn G. m. b. H.)	W 4	F 3	Z 5		W 7	F 9
9·15	1·20	6 15	7 30	0,0 Ab	Friedrichshafen Stadt 277 b. 279. An	6· 0	7·15	12· 5		4·45	7 10
9·28	1·33	6 28	7 44	4,0	Meistershofen × ..... [⊥ 314 a Λ	5 48	7· 3	11·53		4·33	6 58
9·35	1·40	6 35	7 50	6,0	Berg	5 41	6·56	11·46		4·26	6 51
9·38	1·43	6 38	7 53		Kappelhof ×	5 38	6·53	11·43		4·23	6 48
9·47	1·52	6 47	8 2	10,0 Υ	Unterteuringen ×	5 29	6·44	11·34		4·14	6 39
9·50	1·55	6 50	8 5	11,0 An	**Oberteuringen** .... Ab	5 25	6·40	11·30		4·10	6 35

Sommerfahrplan 1925

*Die T.T.B. 1 kam 1925 zur Teuringertal-Bahn. Dieses Bild entstand in ihren
ersten Jahren bei der Bahn, als sie noch über die alten württembergischen Brems-
schläuche verfügte.*

Aufnahme: Archiv der Gemeinde Oberteuringen

Übrigens: In Oberteuringen standen bei regem Rangieranfall die hier abgestellten
Personenwagen immer im Weg. Daher rangierte man die Personenwagen oft auf
das Streckengleis, und die Waggons wurden mit den Handbremsen gesichert dort
abgestellt. Damit hielt man das Bahnhofsvorfeld frei und das Verschieben der
Güterwagen und die Zufahrt zur Gleiswaage waren dadurch deutlich vereinfacht.
Warum eines Tages die Handbremsen nicht richtig angezogen waren – keiner weiß
es! Gerade als die Lok einen Wagen zum Verwiegen schieben sollte, bemerkte das
Personal, daß die Personenwagen langsam Richtung Unterteuringen davon rollten.
Da bis kurz vor Berg ein Gefälle bestand, befürchtete man schon das Schlimmste.
Was tun? Die Lok wurde schnell umgesetzt und *„donnerte"* den verlorenen Wagen
nach. Kurz vor Kappelhof hatte die Lokbesatzung die Wagen eingeholt und es
gelang mit Hilfe des Schürwerkzeugs den Kupplungshaken einzuhängen und so die
Wagen abzufangen.

1926

Einen erneuten Antrag zum Weiterbau der Strecke nach Wittenhofen debattierte die Gesellschafter-Versammlung am 11. Juni 1926. Der anerkannte Eisenbahn-Geometer Pabst erstellte auf Antrag einen Kostenvoranschlag, der für die 9,8 Kilometer lange Verlängerung genau 1.000.000,- Mark betrug. Die Gegenkalkulation der Reichsbahn-Direktion Stuttgart kam auf 1.350.000,- Mark, mit der Anmerkung, bei starker Vereinfachung der Bahnhofsanlagen könne auch mit 1,2 Millionen Mark ausgekommen werden. Der Streckenverlauf bis Deggenhausen war bereits detailliert ausgeplant. Verlaufen sollte die Bahn folgermaßen:

> Oberteuringen,
> kurz vor Hefighofen die Rotach querend,
> Haltepunkt Hefighofen bei Neuhaus,
> Westlich an Hefighofen entlang,
> dann immer der Rotach folgend,
> Bahnhof Fuchstobel mit Holzverladestelle,
> Vor Urnau die Rotach nach Westen querend,
> Bahnhof Urnau,
> Bahnhof Roggenbeuren,
> Bahnhof Wittenhofen.

Der ursprüngliche erste Plan von 1919 sah als weiteren Streckenverlauf vor:

> Haltepunkt Obersiggingen, von dort zum Endbahnhof Deggenhausen

Der Geschäftsbericht für das Jahr 1926 protokolliert das Ergebnis eines weiteren Vorstoßes:

„Im Berichtsjahre wurden wiederholt Verhandlungen über den Weiterbau der Bahn mit dem Württ. Wirtschaftsministerium, Stuttgart u. dem badischen Finanzministerium Karlsruhe gepflogen; leider konnte ein positives Ergebnis noch nicht erreicht werden, da sich das Land Baden zu einer Beitragsleistung noch nicht entschließen konnte."

Das Jahr 1926 sollte die lange erwartete Verstärkung im Triebfahrzeugpark bringen. Der Aufsichtsrat der TTB beriet am 3. August 1926 über das Angebot der Reichsbahn-Direktion Stuttgart, die 1896 erbaute württembergische T 3 – 89 312 (ex 979) zu erwerben. Die Lok stehe in Rottweil zur Besichtigung zu Verfügung. Die Feuerbüchse sei erst 1921 erneuert worden. Die Lok würde 7.000,- Mark kosten und vorher noch auf Rechnung der Reichsbahn instandgesetzt, Übernahme ab Friedrichshafen.

Dieser Offerte stimmte der Aufsichtsrat zu. Die Lok erhielt durch die Reichsbahn noch neue Siederöhren, einen frischen Anstrich, eine stärkere Luftdruckbremse und ein Läutewerk. Sie bekam die Bezeichnung T.T.B. 2.

Mit mehreren Eingaben bekämpfte die TTB auch die angekündigte Kraftpostlinie Ravensburg – Markdorf. Diese Straßenkonkurrenz lief natürlich den weiter verfolgten Wünschen einer Streckenverlängerung nach Wittenhofen entgegen.

1927

In der Gesellschafter-Versammlung am 11. Juli 1927 wird der Ankauf eines weiteren zweiachsigen Personenwagens für 900,- Mark beschlossen und vom erfolgten Verkauf des offenen G-Wagens für 785,- Mark berichtet. Der Güterwagen ging an die Firma G. Schlesinger, Berlin Charlottenburg.

Der Fahrzeugbestand belief sich Juni 1927 auf zwei T 3-Lokomotiven, zwei Personen-wagen, einen gedeckten Güterwagen und einen Gepäckwagen. Vermerkt ist auch „1 Bahnfahrrad"!

Erneut wird ein Vorstoß unternommen, die Bahn bis Neuhaus oder Fuchstobel zu verlängern, zumal die dortige Holzindustrie eine deutliche Erweiterung des Güteraufkommens versprach. Besser noch wäre mit badischer Unterstützung die Strecke bis Wittenhofen geeignet gewesen. Beide Ansinnen blieben ohne den erhofften Erfolg.

Am 12. November 1927 erhielt die TTB die Genehmigung zum teilweisen einmännigen Lokführerdienst, allerdings nur für die werktäglichen „Tags-Züge". Die Auflage war, daß der Zugführer nach der Kontrolle der Fahrkarten bei stehendem Zug anschließend auf der Lok mitzufahren hatte, um während der Fahrt die Streckenbeobachtung auf der Heizerseite zu übernehmen. Für die Bedienung der Anschlußgleise (Frühzug Nr. 1) und an Sonntagen war die Lokomotive wie gewöhnlich mit Lokführer und Heizer zu besetzen.

Dem Lokheizer Kling wurde daraufhin gekündigt, Zoller sollte als Reserve-Lokführer ausgebildet werden. Bis zur Lokführerprüfung von Zoller „löst Lokführer a. D. Albert Knaushart unseren Lokführer Fischer an dessen freien Tagen ab". Die Kündigung von Kling war nur vorübergehend, er wurde wieder eingestellt.

Noch eine personelle Veränderung stand im Jahr 1927 an: Der langjährige Bahnhofsbedienstete Johannes Vöhringer bat um sein Ausscheiden, da er sich verstärkt der Landwirtschaftlichen Genossenschaft widmen wollte. Er bemühte sich darum, daß stattdessen sein Sohn Gottlob eingestellt werde – diesem Ansinnen konnte entsprochen werden.

Übrigens: Lokführer Fischer war trotz oder gerade wegen seiner Kleinbahn-Tätigkeit sehr stolz, Lokführer zu sein. Sein großer Schnurrbart war geradezu ein Markenzeichen. Besonders glücklich war er nicht, als der einmännige Betrieb eingeführt wurde. Bislang hatte er immer peinlich darauf geachtet, daß er der Meister und sein Heizer „der schwarze Mann" war. Sonntags war sogar der weiße Kragen auf der Lok fast Pflicht. Um so mehr ärgerte ihn der Umstand, daß er nun werktags als Lokführer selbst heizen mußte und somit den entsprechenden Kohlenstaub abbekam, auch für Hände und Gesicht die entsprechende Färbung nicht ausblieb. Kindermund ist in solchen Situationen unerbittlich: Dem Lokführer blieb es nicht erspart, von der Dorfjugend als „Negus" verspottet zu werden!

1928

Die Reichsbahn-Direktion Stuttgart verlangte mit Schreiben vom 11. Februar 1928 die Einstellung von „*2 G & 3 O Wagen*" (G = gedeckte Güterwagen, O = offene Güterwagen) in den Reichsbahn-Wagenpark. Dies bedeutete, daß die TBB auf ihre Kosten fünf Güterzugwagen zur allgemeinen Nutzung im Deutschen Reich zu finanzieren gehabt hätte. Die TTB protestierte hiergegen energisch und stellte den Antrag, die Gesellschaft von diesen Verpflichtungen zu entbinden.

4. Friedrichshafen-Oberteuringen

km	Stationen	Zug-Nr. / Kl.	2 / 3	6 / 3	8 / W 3	10 / ⊠ 3	
0	Friedrichshafen Stadt 2, 3 .ab		855	1320	1852	1931	⋉ Hält nach Bedarf
4	Meistershofen		908	33	1905	44	
6	Berg		15	40	12	51	
8	Kappelhof		⋉ 18	⋉ 43	⋉ 15	⋉ 54	
10	Unterteuringen		27	52	24	2003	
11	Oberteuringen .an		930	1355	1927	2006	

4. Oberteuringen-Friedrichshafen

km	Stationen	Zug-Nr. / Kl.	1 / W 3	3 / ⊠ 3	5 / 3	7 / W 3	9 / ⊠ 3	
0	Oberteuringen .ab		610	650	1127	1637	1820	⋉ Hält nach Bedarf
1	Unterteuringen		14	54	31	11	24	
3	Kappelhof		⋉ 23	⋉702	⋉ 40	⋉ 50	⋉ 33	
5	Berg		26	06	43	53	36	
7	Meistershofen		33	13	50	1700	43	
11	Friedrichshafen Stadt 2, 3 .an		646	725	1202	1712	1855	

Sommerfahrplan 1928

1929

Der Gesellschaftsbericht klagte über die allgemeine Wirtschaftskrise. Trotz dieser war erwähnt, daß in der Station Berg endlich elektrisches Licht eingerichtet wurde. Ab Oktober 1929 stieg der Fahrpreis für eine Sonntagsfahrkarte von RM -,50 auf -,70 RM. Die absolut nicht ausreichenden Erträge ließen die TTB einen erneuten Vorstoß unternehmen, endlich den Weiterbau bis Neuhaus oder sogar bis zur Landesgrenze zu betreiben. Was der Bahn nach wie vor fehlte, waren schwergewichtige Frachtgüter, beispielsweise Lang- oder Stückholz für die papierverarbeitende Industrie. Diese waren doch bei den ersten Ertragsrechnungen seinerzeit mit unterstellt worden.

1930

Die ungenügende Finanzlage der Gesellschaft kostete Arbeitsplätze. Mit der ausgeweiteten Gestattung zur einmännigen Bedienung des Lokbetriebs konnte auf die Dienste der Lokheizer Unselt und Ziegler verzichtet werden. Doch waren diese Einsparungen bei weitem nicht ausreichend. Um die Bilanzlage zu verbessern, wurden die Bezüge der Beschäftigten durchweg um zehn Prozent gekürzt.

Etwa Anfang der dreißiger Jahre entstanden diese Bilder der Lokomotive T.T.B. 2 mit Lokführer Karl Fischer auf dem Führerstand in Friedrichshafen (oben) und vom Empfangsgebäude des Endbahnhofes mit angebautem Güterschuppen (unten).

Aufnahmen: Hermann Maey † (Sammlung: G. Moll), Sammlung: Hubert Vöhringer

Teuringertalbahn

Zeitkarte
für Schüler

für *Josef Brugger*

gültig vom *1. Januar*

bis *31. Januar 1931*

zu den fahrplanmässigen Zügen
von

Oberteuringen
nach
Friedrichshafen, Stadtbf.

6.80 11 km

№ 358

*Die Schülermonatskarte von Josef Brugger
aus dem Jahr 1931 für 6.80 Mark ist eine
der wenigen erhaltenen Fahrkarten der TTB.*

Sammlung: Heinrich Hunger

1931

Die schlechten Erträge ließen die Gesellschaft zu drastischen Maßnahmen greifen:
Ab 1. Juli 1931 reduzierten sich die Gehälter aller Bediensteten um weitere
fünf Prozent. Auch die freie Wohnung des Bahnbediensteten G. Vöhringer wurde
gestrichen, er mußte sich fortan 30,- Mark für Miete abziehen lassen.

103 Oberteuringen - Friedrichshafen - Oberteuringen

	3	5	7	9		Teur.-Talbahn G.m.b.H.	Zug Nr.	2	6	8	10
W	S		W	S		Friedrichshafen				W	S
	3.	3.	3.	3.	km		Klasse	3.	3.	3.	3.
6.15	7.25	12.00	15.55	18.30	0	ab **Oberteuringen** an		9.30	13.55	19.30	...	20.25
6.19	7.29	12.04	15.59	18.34	1	**Unterteuringen**		9.27	13.52	19.27		20.22
6.23	7.38	12.13	18.08	18.43	3	Kappelhof		9.18	13.43	19.18		20.13
6.31	7.41	12.16	18.11	18.46	6	Berg		9.15	13.40	19.15		20.10
6.38	7.48	12.23	18.18	18.53	7	Meistershofen		9.08	13.33	19.08		20.03
6.42	7.52	12.27	18.22	18.57		Trautenmühle		9.04	13.29	19.04		19.59
6.50	8.00	12.35	18.30	19.05	11	an **Friedrichshafen** Stadt 102.104 ab		8.55	13.20	18.55	...	19.50

Sommerfahrplan 1931

Übrigens: Die wohl bekannteste Erzählung aus der Kleinbahnzeit dokumentiert die
Liebenswürdigkeit solcher Bahnen. Eine Wandergruppe näherte sich eines Tages dem
Bahnhof. Da die planmäßige Abfahrtszeit schon nahe war, rannte die ganze Truppe,
um den Zug noch zu erreichen. Als die Wandersleute ziemlich außer Atem an den
Wagen ankamen, wurden Sie vom Zugführer wie folgt begrüßt: *„Ihr brauchtet it so
renna , mir wäret scho au a Stückle retour g'fahre".*

1932/33

Die kommenden Ereignisse warfen auch auf und in der TTB erste Schatten. Im Bericht der Gesellschafter-Versammlung – die im April 1932 stattfand – ist eine Abmahnung an einen der TTB-Beschäftigten enthalten, daß er sich nicht politisch betätigen solle (er war Partei-Mitglied). Man erwarte von ihm mit Rücksicht auf seine Stellung politisch vollkommene Neutralität. Dies geschah mit dem Hinweis auf die überwiegend katholische Bevölkerung Oberteuringens, es sei ein negativer Einfluß auf das Fahrgastaufkommen zu befürchten.

Zwei Jahre später war es unumgänglich, daß die Geschäftsbriefe der TTB allgemein

„Mit Deutschem Gruß – Heil Hitler"

unterschrieben wurden, und zwar auch von denen, welche zwei Jahre zuvor noch die Abmahnung verfaßt hatten.

Aus dem Geschäftsbericht für das Jahr 1932:

„... Laut Erlaß der Reichsbahn-Direktion Stuttgart vom 20.12.32 wurde, zufolge unserer Eingabe, die Genehmigung für den einmännigen Lok-Dienst auch auf die Sonntags- und Frühzüge, somit auf alle Züge, ausgedehnt."

Die seit 1927 für die normalen Werktagszüge geltende Regelung brachte der Gesellschaft eine nochmalige Kostenersparnis. Doch forderten außergewöhnliche Belastungen auch immer wieder Sondermaßnahmen. Die Umbauten der Bahnanlagen in Friedrichshafen ab 1931 durch die Deutsche Reichsbahn erforderten eine Neueinführung der TTB in die Reichsbahnanlage. Die Bahnverwaltung wurde trotz energischer Proteste zu einer Sonderleistung von 7.000,- RM herangezogen.

Die ständige Finanzschwäche der Bahn kommt auch in einem Brief der TBB an die Gemeinde Oberteuringen vom 28. Juli 1933 zum Ausdruck:

„... Es braucht wohl nicht weiter besonders betont zu werden, daß die mit großen Opfern und unendlicher Mühe ins Leben gerufene Bahn auch heute noch einen großen Vorteil für die beteiligten Gemeinden darstellt, wenn auch anerkannt werden muß, daß man heute ein solches Werk nicht mehr in Angriff nehmen würde.

Bei dieser Gelegenheit stelle ich erneut die Bitte, an die Einwohnerschaft Ihrer Gemeinde zu Frequenz der Bahn nach Kräften beizutragen. Nach Eintritt besserer Verhältnisse, die wir doch alle erhoffen, wird sicher auch die Bahn wieder so gesund, daß sie sich selbst erhalten kann. ..."

Übrigens: Der Streckengeher verfügte über zwei Rollwagen für den bedarfsweisen Materialtransport. Der nicht benötigte stand meist am Oberteuringer Ladegleis abgestellt. Was lag der Dorfjugend näher, als dieses Gefährt ausgiebig in ihr Spiel einzubinden. In Richtung Berg war dies das höchste Vergnügen, denn es ging leicht bergab (vielleicht waren die Oberteuringer-Jungen die Erfinder des „Bahnsurfens"). Doch heimwärts war es eine arge Plackerei. Besonders dann, wenn man vor einem herannahenden Zug „abhauen" mußte.

1934

Von der Reichsbahn-Direktion Stuttgart konnte ein weiterer Personenwagen für 900,- RM erworben werden.

Auch heute noch klaffen die Ansichten auseinander, wie man eine ungenügende Kostendeckung ausgleicht – entweder durch eine Preiserhöhung, mit dem Risiko, die Kunden zu verprellen oder mit einer Senkung der Angebotspreise, um neue Interessenten zu gewinnen. Nach langen Debatten entschloß sich der Aufsichtsrat für die Senkungsvariante, indem er eine Angleichung der Dauerkartenpreise an das Preisniveau der Reichsbahn durchführte.

Dies bedeutete folgende Preise:

Fahrkarte	bisher	neu
Arbeiter-Wochenkarte	3,00 RM	2,00 RM
Schüler-Monatskarte	6,80 RM	4,80 RM
Monatskarte	13,60 RM	9,60 RM

Außerdem wurde die Wiegegebühr für Wagen ebenfalls von RM 2,- auf RM 1,60 herabgesetzt.

1935

Im Bericht der Gesellschafterversammlung (1936 für das Geschäftsjahr 1935) wird von den ersten Unfällen der Bahn mit Kraftfahrzeugen berichtet. Ein Zusammenstoß ereignete sich am Bahnübergang bei der ZF, ein weiterer beim Straßenübergang Meistershofen. Wie vermerkt ist, hatten jeweils die Kraftfahrer die Schuld.

1936

Vier Gleisanschließer gab es zu dieser Zeit entlang der Bahn:

Zahnradfabrik Friedrichshafen (ZF)
Sägewerk Reutter
Firma Otto Freivogel, Schlackensteinfabrikation (Markung Löwental)
Mühlenbesitzer Eugen Rundel (Markung Löwental)

Übrigens: Der Sohn vom Sonnenwirt in Unterteuringen war Ende der dreißiger Jahre mit seinem Fuhrwerk unterwegs, um Mistbrühe auszufahren. Angespannt waren ein Pferd und ein Ochse. In Gedanken versunken, näherte sich der Kutscher mit seiner Fuhre dem Feldweg-Übergang bei Unterteuringen. Keine zwei Meter mehr seien es gewesen, als der Zug heftig pfeifend vor seinen Zugtieren vorbeirumpelte. Beide Hände und alles Geschick waren vonnöten, um das Jauchefaß nicht vom Wagen kippen zu lassen, als die ungleichen Zugtiere wild zu rasen begannen.

Ein Hinweis für die Lokhistoriker sei auch festgehalten. An Dampflokomotiven gibt es immer wieder kleinere Reparaturen, die in aller Regel vom Personal selbst behoben werden können. Bei größeren Schäden werden dafür besonders geeignete Reparatur-Werkstätten in Anspruch genommen. Die nichtstaatlichen Nebenbahnen bedienten sich meist der Werkstätten anderer Privatbahnen. Lok T.T.B. 2 weilte im Juli 1936 zur Instandsetzung in der Werkstätte der Württembergischen Eisenbahn Gesellschaft (WEG) in Neuffen. Die dafür veranschlagten Kosten betrugen knapp 3.000,- Reichsmark.

Die TTB als Teststrecke

Lokomotiven bauende Firmen oder die Motorausrüster – wie in Friedrichshafen Maybach – hatten immer wieder Probleme, geeignete Testmöglichkeiten zur Erprobung zu finden, ohne einen laufenden Planbetrieb zu stören. Der Diesel-Motorantrieb von Triebwagen und Lokomotiven steckte in den zwanziger Jahren noch in den Kinderschuhen. Wie in einer Firmenzeitschrift von Maybach zu sehen ist, war man sehr dankbar, in den TTB-Verantwortlichen hierfür verständnisvolle Partner zu finden.

Rechtzeitig zur großen Eisenbahn-Ausstellung in Seddin 1924 konnte der von der Waggonfabrik Wismar und antriebsseitig vom Maybach-Motorenbau ausgerüstete „Rohöl-Triebwagen mit mechanischer Kraftübertragung" vom Typ T.G. 4, auch „E.V.A. Maybach" genannt, fertiggestellt werden.

Werkaufnahme: Maybach

Einiges über Triebwagen-Entwicklung

Die Fertigstellung dieses ersten Triebwagens mußte sehr beschleunigt werden, weil im September 1924 in Seddin bei Berlin die erste große Eisenbahnausstellung nach dem Weltkrieg stattfand. Da diese Ausstellung von den Fachleuten der internationalen Eisenbahnerkreise besucht wurde, so mußten wir unbedingt mit unserem ersten Triebwagen auf diese Ausstellung kommen, wenn wir überhaupt für die nächsten Jahre im Triebwagengeschäft mitreden wollten. Nur wenige Wochen vor dieser Ausstellung konnten wir die ersten Bewegungen mit diesem ersten Triebwagen ausführen. Es spielte sich nun eine ähnliche Entwicklung ab, wie sie im Jahre 1887 und den folgenden Jahren Wilhelm Maybach mit seiner allerersten Triebwagenkonstruktion zu machen hatte. Für uns war es eine mühevolle Probiererei, bis man sich nur erlauben konnte, die Geleise des Fabrikgeländes zu verlassen. Die ersten eigentlichen Fahrten wurden auf der Teuringer Talbahn ausgeführt. Wir fanden bei der Direktion dieser Bahn weitgehendstes Entgegenkommen. Wir durften zu beliebiger Zeit auf dieser Strecke fahren, mußten uns nur verpflichten, eine Viertelstunde vor Eintreffen eines fahrplanmäßigen Zuges auf irgendeinem Ausweichgeleise zu stehen. Infolge der großen Anfangsschwierigkeiten ist es uns nicht immer gelungen, selbst diese bescheidene Bedingung zu erfüllen und wir mußten hin und wieder die Geduld des reisenden Publikums in Anspruch nehmen. Glücklicherweise brachte es der Charakter der Gegend und ihrer Einwohner mit sich, daß hieraus keine Unzuträglichkeiten entstanden.

R. Lang, M. M. (in: Werkzeitschrift der Zeppelin-Betriebe vom Juli 1940)

Zwei Jahre danach entstand der bereits kommerziell eingesetzte C D 4 v T (später VT 853).

Werkaufnahme: Maybach (Archiv der Gemeinde Oberteuringen)

Auch die elektrische Kraftübertragung begann Fuß zu fassen. Das obere Bild von 1932 zeigt den diesel-elektrischen Triebwagen VT 873 vor den Luftschiffhallen in Friedrichshafen. Wesentlich moderner wirkte dagegen der Leichtbau-Triebwagen mit elektrischer Kraftübertragung aus der Serie VT 132 028 - 030.

Werkaufnahmen: Maybach (Archiv der Gemeinde Oberteuringen)

Achtung ! Ab 5. April 1937 Fahrplanänderung !
==================
Ab 5 April gilt unten stehender Fahrplan. Die ausgehängten Landfahr-
pläne bitten wir entsprechend abzuändern da neue Fahrpläne erst zum
allgemeinen Fahrplanwechsel auf den 22. Mai ds.Js. heraus gegeben
werden.

Oberteuringen ab verkehren nicht mehr die beiden Züge:
6 Uhr 20 und 7 Uhr 45 morgens
dafür verkehrt ein Zug um 5 Uhr 30 " .
Friedrichshafen ab verkehrt nicht mehr der Zug 7 Uhr 05
dafür verkehren bis Trautenmühle die Züge
Friedrichsh.ab 6 Uhr 10 u. 7 Uhr 06 .
Alle diese Züge verkehren nur Werktags.

TEURINGERTAL BAHN G.M.B.H.
BAHNSTATION
OBERTEURINGEN.

F a h r p l a n gültig ab 5. April 1937.
O b e r t e u r i n g e n - Friedrichshafen Stadt

Zug №		3	7	11	13	103	15	101	17
verkehrt		W	S	Sa.	T.a.Sa.	Sa	W	W.a.Sa.	S
Oberteuringen	ab	5,30	7,25	10,50	12,00		16,30		18,00
Unterteuringen	+	5,33	7,29	10,55	12,05		16,34		18,04
Kappelhof	+	5,40	7,38	11,03	12,13		16,42		18,13
B e r g		5,43	7,41	11,06	12,16		16,46		18,16
Meistershofen	+	5,48	7,48	11,13	12,23		16,51		18,23
Trautenmühle	+	5,52	7,52	11,17	12,27	12,48	16,57		18,27
Zahnradfabrik	+	5,55	7,55	11,20	12,30	12,51	17,00	17,48	18,30
Friedrichshafen	an	6,00	8,00	11,25	12,35	12,56	17,05	17,54	18,35

F r i e d r i c h s h a f e n Stadt - Oberteuringen

Zug №		102	104	14	6	8	10	12
verkehrt		W	W	W	S	T	W	S
Friedrichshafen	ab	6,10	7,06	9,17	8,45	13,25	18,10	18,55
Zahnradfabrik	+	6,15	7,11	9,22	8,50	13,30	18,15	19,00
Trautenmühle	+	6,20	7,16	9,26	8,54	13,34	18,19	19,04
Meistershofen	+			9,30	8,58	13,38	18,23	19,08
B e r g				9,37	9,05	13,45	18,30	19,15
Kappelhof	+			9,40	9,08	17,48	18,33	19,18
Unterteuringen	+			9,49	9,17	13,57	18,42	19,27
Oberteuringen	an			9,52	9,20	14,00	18,45	19,30

Zeichenerklärung: + Zug hält nur bei Bedarf. W Werktags.
S Sonntags. Sa. Samstags. T.a.Sa. Täglich aus=
genommen Samstags. W.a.SA Werktags ausgenommen
Samstags. T täglich.

Benützet die Teuringertal Bahn und helft sie lebensfähig zu erhalten,
denn es ist euer Vorteil.

40

1937

Im Aufsichtsrat ergaben sich Änderungen durch die Neugliederung des Kreises Tettnang. Die Gemeinde Berg wurde mit Ailingen zusammengelegt, die Eingemeindung Schnetzenhausens nach Friedrichshafen hatte ebenfalls Einfluß auf die Neugestaltung der Zusammensetzung. Ailingen kam somit in den „Genuß" Bahnanlieger zu sein, hatte die Gemeinde Ailingen sich doch in den Anfangsjahren der Planungen gegen einen Gleisanschluß wegen der zu tragenden unsicheren Kosten zur Wehr gesetzt. Die Anteile von Schnetzenhausen wurden denen von Friedrichshafen zugeschlagen.

277c *(328u)* **Friedrichshafen—Oberteuringen** Teuringertalbahn
↓ 277 b. 279 ↙ 394" *a nur Sa* *b Sa nicht* *d nur Sa* *f Ms bis Fr* **Alle Züge nur 3. Kl.**

Sommerfahrplan 1939

Ab etwa 1935 wurden öfters Kinder über die sogenannte Kinder-Land-verschickung zur Erholung nach Oberteuringen geschickt. Anläßlich einer der ersten Ankünfte der kleinen Gäste entstand auch dieses Bild. Die persönlichen Daten der Jungen und Mädchen waren mittels Karte und Schnur unverlierbar um den Hals gehängt.

Aufnahme: Archiv der Gemeinde Oberteuringen

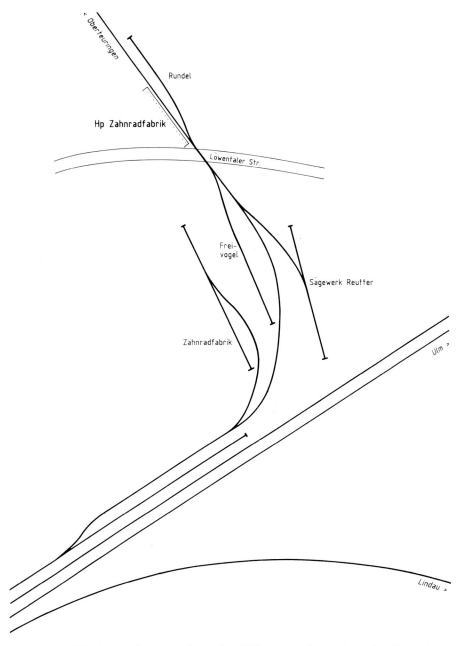

In Friedrichshafen verfügten entlang der TTB vier Industriebetriebe über einen Gleisanschluß: Die ZF, das Sägewerk Reutter, der Schlackenstein-Fabrikant Freivogel und die Holzverladung des Fabrikanten Rundel.

In Friedrichshafen wartete die mit dezentem Grün und zeitgenössischen Emblemen versehene T.T.B. 2 in den dreißiger Jahren auf die Abfahrt (oben). Übersichtskarte des südwürttembergischen Bahnnetzes mit Jahreszahlen der jeweiligen Inbetriebnahme (unten).

Sammlung: Dr. Günther Scheingraber

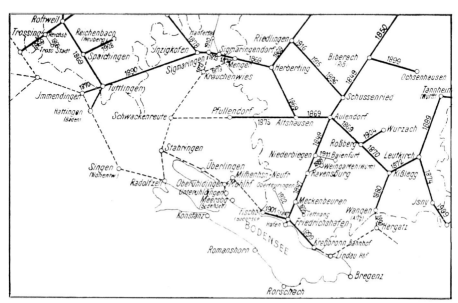

1	2	3	4	5	6	7	8
	Tag					Der Frachtstücke	
Lfde Nr.	der Aufgabe	Zeichen u. Nummer oder Anschrift	Zahl	Art der Verpackung	Inhalt	Gewicht kg	Bestimmungsbahnhof
85	9.11. 39	Wien 136547	1	Kegger	fr. Tafel äpfel	650	München-Süd
86	2.11.	PKP 194105	1	Wg 288 Ki	fr. Aepfel	8750	Weiden Oberpf.
87	4. 11	Kar 9860	1	"	" "	8630	Heppenheim a. d. Bergstr
88	4.11.	Ko 74053	1	"	" "	6057	Mü. Süd. Gr.
89	9.11.	Stgt 7566	1	"	Heu Decken	4200 130 4080	Weingarten

44

9	10	11	12	13	14
	Betrag		Frei=	Freibetrag	Bescheinigung der Abfertigung
Empfänger	der Nachnahme	des Lieferwertes	ver= merk		(Annahmestempel und Namens= zug des Annahmebeamten)
	R.M | Rpf	R.M		R.M | Rpf	
Fr. Jos. Rieder					Teuringertal Bahn G.m.b.H. Friedrichshafen-Oberteuringen Oberteuringen - 9. ... Nr. ....
Frz Confall					Teuringertal Bahn G.m.b.H. Friedrichshafen-Oberteuringen Oberteuringen 11. NOV. 1939 Nr. ....
Fruchthaus Roas					[Teuringertal Bahn G.m.b.H. Friedrichshafen-Oberteuringen Oberteuringen 11. ... 1939]
Felise Huber					Teuringertal Bahn G.m.b.H. Friedrichshafen-Oberteuringen Oberteuringen 11. NOV. 1939 Nr. ....
H. Verpfleg.-Amt	Waren-Eingang Nr. 318.				Teuringertal Bahn G.m.b.H. Friedrichshafen-Oberteuringen Oberteuringen 11. NOV. 1939

Die Kriegsjahre

Teuringertal-Bahn GmbH Friedrichshafen				328 u Friedrichshafen Stadt - Oberteuringen				Alle Züge nur 3. Klasse
	102	4	8	km	Zug Nr	Zug Nr	3	13	15
	6.12	8.32	18.10	0,0 ab Friedrichshafen Stadt 316. 326 .. an	6.00	16.58	18.35
	6.17	8.52	18.30	5,7 ▼ Berg .... ▲	5.41	16.39	18.16
	c6.21	9.07	18.45	10,7 an Oberteuringen .... ab	5.25	16.23	18.00
Weitere Halte in: km 1,8 Zahnradfabrik, 2,5 Trautenmühle, 3,4 Meistershofen, 6,8 Kappelhof, 9,6 Unterteuringen						c Trautenmühle an 6.21

Fahrplan, gültig ab 1.10.1939 (eingeschränkt wegen der Mobilmachung)

Teuringertal-Bahn GmbH Friedrichshafen						328 u Friedrichshafen Stadt - Oberteuringen						Alle Züge nur 3. Klasse
4 5	2 m	6 5	17 Sa	8	km	Zug Nr	Zug Nr	3 m	5 5	7 5 11 Sa	13 m 35 4 17 Sa
8 32	9.17	13 25	15 35	18.55	0,0 ab Friedrichshafen Stadt 316. 326 .. an	6.32 8.00	12 35 15.05	16 58 17 20
5 52	9 37	13 45	15 55	19.15	5,7 ▼ Berg .... ▲	6.13 7.43	12 16 14 46	16 39 17
5 07	9 52	14 00	16 10	19.30	10,7 an Oberteuringen .... ab	5.57 7.30	12 00 14 30	16 23 16
Weitere Halte in: km 1,8 Zahnradfabrik, 2,5 Trautenmühle, 3,4 Meistershofen, 6,8 Kappelhof, 9,6 Unterteuringen										

Fahrplan, gültig ab 30.10.1939

Die relativ guten Ernten der Jahre 1940 und 1941 hatten ein akzeptables Güteraufkommen zur Folge. Dieser Umstand wie auch die Tatsache, einem gewissen gewerkschaftspolitischen Druck ausgesetzt zu sein, brachte den Bediensteten der TBB eine zusätzliche Absicherung: Die Bahnverwaltung beschloß, die Löhne und Gehälter *„in Anlehnung an den Kleinbahn Tarif für die Gefolgschaftsmitglieder der Nebenbahnähnlichen Kleinbahnen und Privateisenbahnen des allgemeinen Verkehrs künftig in allen Bestimmungen"* einzuführen.

Auf der Lohnliste standen 1941:

Lokführer	Fischer
Streckenwärter	Zoller
Zugführer und Reservelokführer	Kling
Aushelfer	Möhrle
Aushelfer	Pabst

hinzu kamen die gesondert geregelten Aufwendungen für

Bahnagent in Berg	Hund
Bahninspektor	Schmid
und Bahnagenten für Oberteuringen	Vöhringer

für die 1941 insgesamt 20.654,29 Reichsmark aufzuwenden waren.

Zum Betriebspark gehörten im selben Jahr die beiden T 3-Lokomotiven, fünf Personenwagen und ein Packwagen.

Weichenstellung

Hohes Verkehrsaufkommen, ist ein Triebwagen notwendig?

Zur Verbesserung und Unterstützung des Personenverkehrs (Arbeiter-Beförderung) wurden Anfang 1942 ernsthafte Überlegungen angestellt, einen Triebwagen zu beschaffen. Ein entsprechendes Angebot lag vom Reichsbahn-Zentralamt München vor. Das Triebfahrzeug sollte RM 30.500,- und der passende Anhänger RM 10.540,- kosten. Beim Triebwagen handelte es sich um einen von der Braunschweigischen Landeseisenbahn AG umgebauten ehemaligen Personenwagen – wie angemerkt wurde – mit einem Motor „älteren" Typs. Der zu erwartende Kraftstoffverbrauch ist im Angebot mit 0,7 bis 1,0 Liter pro Kilometer angegeben.

Vermerkt ist weiterhin, „daß der Triebwagen durch die Reichsbahn-Direktion Stuttgart abgestellt ist, da der erforderliche Dieselkraftstoff derzeit nicht zur Verfügung steht."

Interessant ist auch die Anmerkung in der Niederschrift der außerordentlichen Gesellschafterversammlung vom 29. April 1942 der Teuringertal-Bahn:

„... Beabsichtigt ist der Umbau des Dieselmotors auf flüssiges Gas. Aber auch flüssiges Gas ist so schwer zu beschaffen wie Dieselkraftstoff. Weiter verlangt das Reichsbahn-Zentralamt München für die beiden Wagen Kennziffern (Zuweisungen, Berechtigungsscheine) für 40 t Stahl und 10 t Eisenguß."

Nach entsprechenden Kostenrechnungen ist dann ausgeführt:

„Da die Beschaffung von Dieselkraftstoff und flüssig Gas nicht garantiert ist, wird die Frage des Ankaufs eines Triebwagens mit Anhänger zurückgestellt ..."

Der Hintergrund für diese Überlegungen verbarg sich im Punkt 2 der Tagesordnung vom 29. April 1942:

„Vertrauliche Besprechung über militärische Maßnahmen.

Die Militär-Behörde beabsichtigt, oberhalb des Kappelhofes ein größeres Anschluß-gleis zu errichten. Die Bau- und Unterhaltskosten gehen ausschließlich zu Lasten der Militärbehörde. Auf diesem Anschlußgleis wird sich ein größerer Verkehr ent-wickeln.

Auch vom Flugplatz Löwental ist ein Anschlußgleis an die Bahn beabsichtigt.

Weiter werden die Anschlußgleise der Luftschiffbau-Zeppelin und des Maybach Motorenbau über die Teuringertalbahn-Strecke mit Abzweigung bei der Trautenmühle bedient werden.

Ein ganz wesentlicher Auftrieb ist dadurch für die Teuringertal-Bahn gegeben."

Am Ende des Gesellschaftsberichts vom April 1942 behandelte man einen weiteren wichtigen Tagesordnungspunkt – der Antrag auf Verstaatlichung der Bahn:

Mit den Erwartungen des extrem steigenden Verkehrsaufkommens wurden diese Bestrebungen untermauert und weiter heißt es:

					Frachtbrief[(1)]

Kurs Nr _____ **nach** ~~_____~~

Wagen Nr _____ **über** _____

Eigentumsmerkmal | _____

Zoll- oder Steuerbehandlung auf Bahnhof

Vom Absender nur auszufüllen, wenn er selbst verlädt

Wagen

G oder D (²)	Nummer	Eigentumsmerkmal	Ladegewicht t	Eigengew. bei Privatwagen kg
G	138505		15	10

An Fa.

Willy Beckmann,

in   Stuttgart W.

Straße und Hausnummer   Kleine Königstr. 11

(Stamp: Bad Freienwalde (Oder) ...)

Bestimmungsbahnhof

Oberteuringen über Friedrichshafen a.B.

Etwaige Vorschrift über Weiterbeförderung (³)

Andere vorgeschriebe oder zulässige Erklärungen (⁴) a

Begleitpapiere (⁴) b

wir beantragen bahnamtliche Voll-und Leerverwiegung des Waggons

Für die Eisenbahn unverbindliche Absendervermerke (⁵)

Bei Stückgütern (⁶) schrift (⁷) oder Zeichen und Nummer	Anzahl	Art der Verpackung	Inhalt	Wirkliches Rohgewicht in kg
	lose		Pflanzkartoffeln "Prisca"	
			anerkannte Saatware	

Anerkanntes Saatgut der **Saatzucht** des **Saatbau** -**Wirtschaft** P

(Name u. Wohnort oder Decknummer)

Nr.

Reichsnährstand Verwaltungsamt

26829 ✳ 40 /39

Zur Verwendung als Saatgut im Deutschen Reich

Einzelnachweis des Barvorschusses oder der Nachnahme (⁸)   RM   Rpf

Lieferwert(⁹) _____ RM

RM in Buchstaben

Barvorschuß _____ RM ___ Rpf

Nachnahme _____ RM ___ Rpf

Frachtbriefdoppel beantragt ?

Freivermerk

Vorname und Name sowie Wohnung des _____ den _____ 19__

Willy Beckmann, Stuttgart
Fernsprecher 2 6 8 31 - 32, Telegr.-Adr.: Rauhfutter Stuttgart

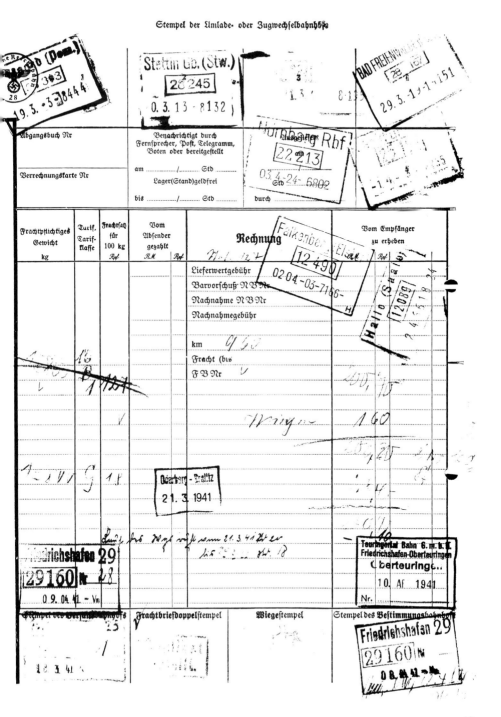

Stettin Ub. (Stw.)
28 245
0. 3. 13 - 8132

BAD FREIENWALDE
29.3.19-1-151

Abgangsbuch Nr			Benachrichtigt durch Fernsprecher, Post, Telegramm, Boten oder bereitgestellt			
Verrechnungskarte Nr			am ..../........ Stb			
			Lager(Stand)geldfrei			
			bis ..../........ Stb	durch		

Nürnberg Rbf
22 213
03.4-24- 6802

Frachtpflichtiges Gewicht kg	Tarif. Tarifklasse	Frachtsatz für 100 kg Rpf	Vom Absender gezahlt RM Rpf	Rechnung	Vom Empfänger zu erheben RM Rpf
					Falkenberg Elster 12 490 02-04-03-7166-
				Lieferwertgebühr	
				Barvorschuß NB Nr	
				Nachnahme NB Nr	
				Nachnahmegebühr	
				km	
				Fracht (bis	
				FB Nr	
				Wagen 160	

Halle (Saale)
12089

Oderberg - Pralitz
21. 3. 1941

Friedrichshafen 29
29160 N 28
0.9.04. 41. - Vm

Touringofial Bahn G. m. b. H.
Friedrichshafen-Oberteuringen
Oberteuringe...
10. Ap. 1941
Nr.

Stempel des Versandbahnhofs	Frachtbriefdoppelstempel	Wiegestempel	Stempel des Bestimmungsbahnhofs

Friedrichshafen 29
29160 N

„Diese guten Zukunftsaussichten ... müßten der Reichsbahn den Entschluß leicht machen, die Teuringer Talbahn in die Reichsbahn zu übernehmen. Dieser schon immer bestehende Wunsch sollte bei den so günstigen Zukunfts-Aussichten Verwirklichung erfahren. Es ergeht daher der Beschluß, die Reichsbahn-Direktion von den guten Entwicklungs-Aussichten der Teuringer Talbahn zu unterrichten und derselben den Erwerb der Teuringer Talbahn nahe zu legen.

Das Vermögen der Teuringer Talbahn müßte festgesetzt und erstattet werden. Erste Bedingung für die Übergabe ist, daß die Reichsbahn sich verpflichtet, unter allen Umständen den Weiterbetrieb der Teuringer Talbahn zu garantieren. "

An der wohl entscheidenden Versammlung zur Auflösung der Privatbahn nahmen alle Gesellschafter teil:

Bürgermeister Bärlin, Friedrichshafen am Bodensee, Vorsitzender des Aufsichtsrates

Landrat Springer, Tettnang, stellvertr. Vorsitzender des Aufsichtsrates

Bürgermeister Schraff, Ailingen-Berg

Bürgermeister Walter, Oberteuringen

Direktor Wurm, Friedrichshafen

Eisenbahn-Inspektor a. D. Schmid, Friedrichshafen

Im Oktober 1942 wurde die Teuringertal-Bahn endgültig *„kriegswichtig"*. Ein kurzes Schreiben lautete:

„Oberkommando des Heeres (OKH)   Wa.J Ru (Mun 3 A.St. Friedrichshafen)

Die TTB führt für das Vorhaben VNX1 (SS 4019 - D -) die gesamten Baustoff- und Betriebstransporte durch. "

Mit diesem Schreiben wurden der Bahn unglaubliche Transportaufgaben abverlangt. Bereits im Mai 1942 begannen die Arbeiten am *„Abnahmeplatzes Raderach"* (so war zur Geheimhaltung das Bauprojekt bezeichnet). Geplant waren umfangreiche Fertigungs- und Versuchsstätten zur Produktion von Raketen- und Triebwerksteilen der V 2. Es entstanden die *„Wehrmachtsanlagen Raderach"*. Wernher von Braun persönlich war in die Konzeption der Zweigwerkstätte eingeschaltet. Ausgeführt werden sollten die Arbeiten durch die *„Beton- und Montierbau, Stettin"*, da diese bereits von der Anlage in Peenemünde entsprechende Erfahrungen aufweisen konnte. Zur Beschleunigung kamen dann auch Arbeitsleistungen durch die Ed. Züblin AG hinzu. Der Produktionsplan des Kriegsministeriums sah vor, daß an verschiedenen Fertigungsstätten des Reiches insgesamt 1.500 Geheimwaffen monatlich entstehen sollten. Das Werk Raderach mit den Zulieferungen aus Friedrichshafen sollte einen Ausstoß von 300 Raketen je Monat erzielen.

Die Zubringertrasse nach Raderach zweigte im Teuringer-Ried bei Bahnkilometer 8,35 nach Westen ab, etwa auf Höhe des alten Torfstechplatzes.

Das Transportaufkommen wuchs lawinenartig an. Schotter- und Bauzüge pendelten in kurzen Abständen. Die Strecke wurde bis an ihre Grenzen belastet. Bis zur Fertigstellung des Anschlußgleises in das Testgelände wurde mit schmalspurigen Bauzügen das Material zu den einzelnen Bauvorhaben verteilt.

Jahreszahlen der Teuringertal-Bahn

Jahr		Einnahmen Personenverkehr	Einnahmen Güterverkehr	Waggons an OT	Waggons ab OT	Waggons an Berg	Waggons ab Berg
1922	eröffnet Juni '22						
1923	eingestellt Mai '23						
1924	nur ab Juni '24!	10.519,23 M.	11.577,85 M.				
1925		16.509,64 M.	18.099,12 M.				
1926		13.301,04 M.	17.539,14 M.	47	66		
1927		12.345,50 M.	23.975,80 M.				
1928		10.878,31 M.	28.726,19 M.	149	194	43	27
1929		10.799,30 M.	22.741,17 M.	153	105	26	43
1930	schlechte Ernte	10.079,79 M.	19.480,48 M.	178	54	29	9
1931	weniger Kunstdünger	9.003,31 M.	22.254,39 M.	93	166	15	99
1932		7.159,21 M.	13.388,55 M.	72	95	15	9
1933	schlechte Ernte	6.780,00 M.	14.515,12 M.	63	30	21	25
1934	gute Ernte	8.140,79 M.	30.390,69 M.	98	289	14	28
1935	gute Ernte.	10.218,24 M.	30.789,60 M.	119	222	42	88
1936	schlechte Ernte	11.644,75 M.	23.009,55 M.	97	83	11	1
1937	sehr gute Ernte	16.683,23 M.	38.148,90 M.	97	386	27	161
1938		17.373,59 M.	25.060,50 M.	131	165	23	33
1939		17.080,24 M.	28.350,08 M.	91	178	20	84
1940		25.710,48 M.	40.268,55 M.	117	390	28	101
1941		34.338,58 M.	53.037,62 M.	156	374	17	123
1942		47.430,08 M.	100.620,04 M.				

Für das Jahr 1943 ist keine detaillierte Aufschlüsselung mehr vorhanden, da die Bahn mit einem Vertrag vom Dezember 1943 rückwirkend vom 1. Januar 1943 in den Besitz der Reichsbahn übergegangen war. Betrachten wir die obenstehende Tabelle, so fällt auf, daß die Bahn hauptsächlich von ihren Frachteinnahmen finanziert werden mußte. Zu den hier angegeben Gütereinnahmen kamen noch in geringem Umfang Stück- und Expressgüter hinzu, die zur Vereinfachung nicht einzeln aufgelistet sind.

Die relativ schlechte Ernte 1930 konnte 1930 durch große Schottermengen für den Staatsstraßenbau, die nach Oberteuringen angeliefert wurden, etwas kompensiert werden. Im Folgejahr waren die Bestellungen über Künstdünger jedoch stark rückläufig. Bei gu er Obsternte ist jeweils in der Spalte „Ab OT (Oberteuringen)" eine starke Zunahme der abgehenden Güterwagenladungen zu registrieren. Meist folgte dann im darauffolgenden Jahr direkt eine Anstieg der ankommenden Wagenladungen. Nur wenn die Obstbauern *„ihr Säckel"* voll hatten, bestellten sie auch reichlich Kunstdünger.

Beide TTB-Lokomotiven standen vor schweren Güterzügen im Einsatz. Eine der Maschinen betätigte sich als Zuglok, die andere schob am Zugende nach. Dies war auch bis zur Fertigstellung des Umsetzgleises in Raderach die einfachste Lösung, um den dann entleerten Zug wieder auf den Gleisanschluß zurückzufahren. Doch bald genügten die kleinen T 3 den Anforderungen nicht mehr. Es kamen verstärkt auch Maschinen der Reichsbahn zu Zugleistungen. Wie überliefert ist, war dadurch der neue Streckenteil durch das Ried überlastet. Im noch nicht endgültig befestigten Dammbereich kippte eine Güterzuglok der Reichsbahn um. Durch zu hohes Gewicht gab der Untergrund nach, und die Lok legte sich zur Seite. Die kleinen TTB-T 3 mußten die Hilfszüge zur Unglücksstelle lotsen. Der Bau durch das Teuringer-Ried erforderte zusätzliche Sondermaßnahmen. An manchen Stellen mußte die Trasse durch das moorige Gebiet teilweise mehrere Meter tief ausgehoben und mit Schotter aufgefüllt werden.

Fast wäre aus dem erneuten Vorstoß der TTB-Verantwortlichen zur Eingliederung in die Reichsbahn nichts geworden, denn zum 15. Dezember 1942 meldeten sich plötzlich einige Herren vom Oberkommando des Heeres (OKH) zur Besprechung an.

„Tagesordnung:

Besuch des OKH Wa. J Rü (Mun 3 A.St. Friedrichshafen) wg Erwerb der TBB durch OKH."

Die Verhandlungspartner des OKH hatten alle Vollmachten der Heeresleitung zum Erwerb der Strecke. Sie seien ebenfalls befugt, die Zusicherung für eine Weiterführung des Personen- und Güterverkehrs im bisherigen Umfange zu geben und wolltem dem Plan des Weiterbaus der Strecke nach Pfullendorf *„nahe treten".*

Dies war der Köder, die Bahn zur *„Heeres-Bahn"* zu machen.

Das Ansinnen des OKH wird verständlich, wenn man die immensen Transportmengen nach Raderach ins Verhältnis zu dem sonstigen Güteraufkommen der Bahn setzt. An manchen Tagen wurden Ganzzüge (Güterzüge aus typengleichen Wagen) mit bis zu 40 Wagen zu den kriegswichtigen Werken geführt.

Doch ein erneutes Vorsprechen der TTB bei der Reichsbahn-Direktion Stuttgart stelle die Weichen in Richtung Reichsbahn.

989. Einbeziehung der Teuringertalbahn in die direkten Tarife   8. Vt 5. Tg 6
(Ohne Vorgang)

Die Teuringertalbahn Friedrichshafen—Oberteuringen ist verreichlicht worden. Auf den Strecken der Bahn werden ab 1. Januar 1944 die Reichsbahntarife eingeführt.

Auszug des Amtsblattes der Reichsbahn-Direktion Stuttgart vom 17.12.1943

Das wohl älteste Bild von den Aktivitäten bei Raderach dokumentiert einen 600 mm-Bauzug zwischen dem Mittelberg und dem Weiherberg (oben). Die Bahnerschließung erhielt oberste Priorität. Oberhalb des Bauzuges ist das Schotterbett für das künftige normalspurige Anschlußgleis zu erkennen (unten).

Beide Aufnahmen: Bundesarchiv-Militärarchiv Freiburg (Brsg.)

Die Arbeiten an einem der Raketen-Prüfstände waren 1942 bereits weit fortgeschritten (oben). Im Folgejahr lagen die normalspurigen Gleise nahezu komplett. Die Abbildung zeigt die Treibstoff-Anlage, im Hintergrund ist der omegaförmige Meßstand zu erkennen (unten).

Beide Aufnahmen: Bundesarchiv-Militärarchiv Freiburg (Brsg.)

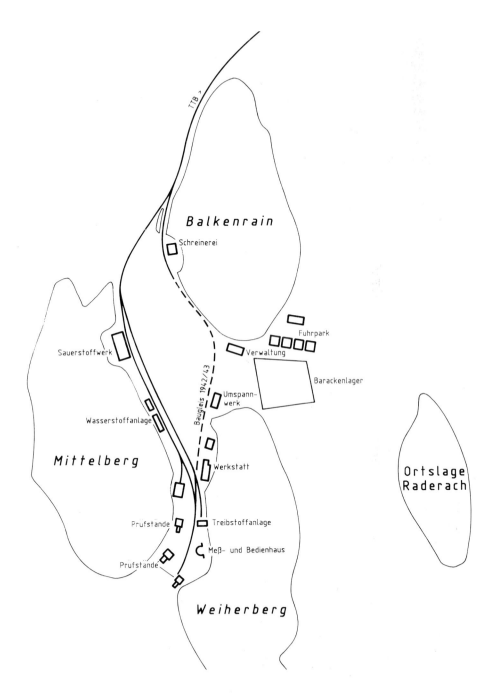

Schematischer Gleisplan der Wehrmachtsanlage Raderach

Aus einem der oberen Stockwerke der im Bau befindlichen Treibstoff-Anlage entstand diese Aufnahme mit einer der beiden T.T.B.-T 3 (oben). Vor der Wasserstoff-Anlage unterhalb des Mittelberges herrschte Anfang 1943 ebenfalls noch rege Tätigkeit (unten).

Beide Aufnahmen: Bundesarchiv-Militärarchiv Freiburg (Brsg.)

Reichsbahnzeit

1943 Übergang in Staatsbahneigentum

In der Hochphase des Zweiten Weltkrieges konnte der ursprüngliche Wunsch der Bahnbetreiber verwirklicht werden – nämlich Staatsbahn zu werden. Der Verkehr auf der Stichbahn entwickelte sich durch die Beförderung von Kriegsgütern weiterhin so „gut", daß dem lange betriebenen Antrag zur Verstaatlichung der Bahn endlich nachgegeben wurde. Mit Vertrag vom 3. Dezember 1943 wurde die Bahn rückwirkend zum 1. Januar 1943 in das Eigentum der Reichsbahn überführt, die Anteilseigner ausbezahlt.

Es unterzeichneten:

Herr Direktor Adam Wurm hier, handelnd namens der Teuringertal-Bahn G.m.b.H. mit dem Sitz in Friedrichshafen als deren Geschäftsführer,

Herr Abteilungspräsident Dr. jur. Robert Ebersbach in Stuttgart, handelnd namens des Grossdeutschen Reichs (Reichseisenbahnvermögens) unter der Bestätigung des Herrn Präsidenten der Reichsbahndirektion Stuttgart vom 2. ds. Mts.

Die Kleinbahn existierte nicht mehr – sie ging im Streckennetz der Reichsbahn auf. In der Vereinbarung zur Übernahme ist auch festgelegt, daß die Bediensteten der Kleinbahn zu denselben Konditionen wie bei der TTB von der Reichsbahn beschäftigt werden sollten. Doch nicht jeder der ehemaligen TTB-Angestellten erhielt ein Übernahmeangebot als Beamter der Reichsbahn.

Blüte im Zweiten Weltkrieg

Nicht nur der Gleisanschluß nach Raderach brachte ein stark erweitertes Frachtaufkommen, sondern auch militär- und städtepolitische Maßnahmen in Friedrichshafen änderten das Güteraufkommen der TTB. Die Kriegsleitung bestand auf dem Abbau der großen Zeppelinhalle am Löwentaler-Flugfeld. Die Ära der Zeppeline wurde für beendet erklärt! Das Material dieser Halle sollte zum Aufbau von Produktionsstätten für Kriegsgüter im Industriegebiet Zeppelin-Werft verwendet werden. Dadurch wurden zwei neue Gleisanschlüsse notwendig. Über eine Abzweigung etwa beim früheren Gleisanschluß Rundel wurde ein Gleis zur großen Zeppelinhalle des Flugplatzes Löwental verlegt, das der Materialabfuhr diente. Bei Bahnkilometer 2,6 entstand in Höhe des Haltepunktes Trautenmühle ein etwa drei Kilometer langes Anschlußgleis nach Westen zur Zeppelin-Werft (wo in einem Teil durch Dornier Flugzeuge montiert wurden) und zu den Maybach-Motorenwerken. Das Zeppelingelände hatte bislang ein Anschlußgleis, das beim Stadtbahnhof abzweigte und parallel zur Ernst-Lehmann-Straße führte.

Dies kam der Friedrichshafener Stadtverwaltung sehr gelegen, da das bisherige Industriegleis einer Westerweiterung des Stadtgebietes im Wege gestanden hatte. Auch der TTB kam die Verlegung der Anschlußbahn zu statten, brachte diese Maßnahme beachtliche Frachtzuwächse mit sich!

Industriegelände Zeppelin-Werft

Der neue Gleisanschluß ab Trautenmühle zum Industriegelände Zeppelinwerft brachte der Bahn weitere Impulse. Die laufende Kriegsproduktion von Maybach, Zeppelin-Werft und die zu diesem Zeitpunkt hier einquartierten Betriebsteile von Dornier ließen das Frachtaufkommen der Teuringertal-Bahn erheblich ansteigen. Die Zeppelin-Werft war in das V 2-Raketenprogramm mit Kraftstoff-Behälterbau und der Herstellung der Raketen-Außenhaut eingebunden. Aus einem Gesprächs-Protokoll vom 3. September 1943 ist zu entnehmen, daß täglich etwa 18 bis 20 Güterwagen ab Friedrichshafen zu befördern waren und der Werksverkehr zwischen Zeppelinwerft und Raderach weitere 70 bis 80 Wagen täglich betrug! Weiter geht aus diesem Schreiben hervor, daß die Teuringertal-Bahn zu diesem Zeitpunkt nur noch über eine betriebsfähige Dampflokomotive (T.T.B. 1) verfügte, die Reichsbahn bereits zwei Lokomotiven zur Verfügung stellte (89 369 und eine 94.1). Eine weitere Maschine sei dringend erforderlich. Zur Unterstützung des stark angestiegenen Werksverkehrs stellte die Zeppelin-Werft den Antrag an das Heereskommando auf Zuweisung einer Werksdampflok.

Mit der von der französischen Lokfabrik Cail & Cie. 1874 gebauten Maschine „Patriarch" kam ein wirkliches Unikum zur Zeppelin-Werft. Die Lokomotive – sie war wohl Beutegut der Wehrmacht – trug einen Kessel der englischen Firma Hudswell Clarke & Cie. in Leeds aus dem Jahr 1882.

Sammlung: Manfred Sauter

Die Zeppelin-Werft besaß auch eine zweiachsige Motorlok. Wegen des allgegenwärtigen Treibstoffmangels mußte diese Maschine (Jung 8812/1939) auf Holzgasantrieb umgebaut werden. Der Leiteraufstieg diente zum Bestücken des Holzvergasers. Das Breuer-Rangiergerät wurde dagegen mit Flaschengas betrieben.

Beide Aufnahmen: Sammlung Manfred Sauter

Allgemeine Daten der Teuringertal-Bahn (Stand 1943)

Die Übernahme der TTB durch die Reichsbahn 1943 bietet sich an, einen Blick auf Daten und Statistiken der Teuringertal-Bahn zu werfen. Zu dieser Zeit hatte die Bahn ihre größte Ausdehnung. Mit Ausnahme der Ende 1948 geschliffenen Anlage Raderach entsprach dies auch dem Zustand bei Gründung der Bundesrepublik Deutschland am 23. Mai 1949 und bei der Neuformierung der Deutschen Bundesbahn:

Streckenlänge (ohne Nebengleise)	10,61 km
Maximale Neigung	1 : 66
Kleinster Radius (Bogen bei der ZF)	180 m
Kleinster Radius innerhalb der Anschließer	150 m
Zugelassene Höchstgeschwindigkeit	40 km/h
Private Anschlußgleise	6

(OKH-Raderach; Zeppelin, Maybach, Gaswerk, Reutter, ZF).

Für einen Teil der Strecke ist auch das ursprünglich verwendete Schienenmaterial bekannt:

Gebrauchte württembergische Schienen (D-Profil) oder preußisches Profil 6;

Neun Meter lange Gleisjoche, zunächst auf je zwölf, später 13 kiefernen Schwellen Klasse III verlegt.

Nach den alten Aufzeichnungen erfolgte beim Bahnbau die Bettung in (Fluß-) Kies, erst zu Reichsbahn- und Bundesbahnzeiten wurde teilweise Bruchschotter zum Nachstopfen verwendet.

Beförderte Personen 1925	70.000 ?	(= 16.509,- Mark)
Beförderte Personen 1938	165.000 ?	(= 17.373,- Mark)

Letztgenannte Angaben stammen von einer handschriftlichen Konzept-Übersicht, die wohl als Vorbereitung zu einem Besuch bei der Reichsbahn diente. Vergleicht man die Angaben mit den Einnahmen in Mark, so sind Zweifel an diesen beiden Zahlen erlaubt.

Bestand 1925	zwei Loks, zwei Personen- und ein Gepäckwagen
Bestand 1938	zwei Loks, vier Personen- und ein Gepäckwagen
Bestand 1943	zwei Loks, fünf Personen- und ein Gepäckwagen

Ab 1943 Eigentum der Deutschen Reichsbahn und Disposition der Fahrzeuge durch das Bahnbetriebswerk Friedrichshafen.

Topographie

km 0,000   Friedrichshafen Stadtbahnhof (404,13 m über NN)

Die Gleisanlagen des Staatsbahnhofes wurden mitbenutzt, vor 1931 die Gleise 1 und 2, später das Gleis 5 (Bahnsteig 3).

km 1,3   Friedrichshafen Güterbahnhof
km 1,545   Anschlußgleis Zahnradfabrik

Das Gleis führte ursprünglich im Bogen am Werksgelände vorbei, endete auf Höhe des früheren „*Vizinalweges Nr. 5*", später Löwentaler Straße und führte von hier in das Werksgelände (Sägefahrt). Um 1939 vereinfacht.

km 1,961   Anschlußgleis Sägewerk Reutter

Der nach Osten abzweigende Anschluß wurde im Juli 1962 aufgehoben.

km 1,983   Anschluß Freivogel

Der Schlackensteinfabrikant besaß bis etwa 1939 einen Anschluß an das Schienennetz. Das Gelände wurde von der Zahnradfabrik übernommen und in das Werk I integriert.

km 1,99   Haltepunkt Zahnradfabrik
km 1,995   Anschluß Rundel

Der Mühlenbetrieb verfügte bis etwa 1942 über ein 83,41 m langes Gleis.

km 2,21   Anschluß Flugplatz

Von 1942 bis Anfang der siebziger Jahre zweigte hier ein Gleis zum Löwentaler Flugplatz ab.

km 2,33   Anschlüsse Zeppelin-Werft, Gaswerk und Maybach
km 2,48   Anschluß Trautenmühle

Das ursprüngliche Anschlußgleis des R. Gregg wurde ab etwa 1936/37 als öffentliches Ladegleis benutzt.

km 2,536   Haltepunkt Trautenmühle (404,5 m über NN)
km 3,37   Haltepunkt Meistershofen (412,7 m über NN)
km 5,531   Bahnhof Berg (436,4 m über NN)

Kleines Bahnhofsgebäude mit Wartehalle, Güterschuppen, öffentlichem Ladegleis mit Lademaß; ab Mitte der zwanziger Jahre bestand hier außerdem ein Kreuzungsgleis.

km 6,710   Haltepunkt Kappelhof (438,2 m über NN)
km 8,35   Anschluß Raderach

Von 1942 bis 1948 zweigte hier ein rund 3,5 Kilometer langes Gleis zum V 2-Raketen-Testgelände mit unterirdischem Treibstofflager ab.

km 9,380   Haltepunkt Unterteuringen (443,9 m über NN)
km 10,421   Bahnhof Oberteuringen (449,10 m über NN)

Bahnhofsgebäude mit Güterschuppen, seperat stehendes Toilettenhaus, Lokschuppen mit kleiner Werkstatt, Lagerschuppen für landwirtschaftliche Güter (Hanser-Haus), Lagerschuppen der landwirtschaftlichen BAG, öffentliches Ladegleis mit Lademaß, Gleiswaage, einem 7 t-Ladekran; ab 1927 zusätzliches Abstell- und Ladegleis.

km 10,614   Streckenende

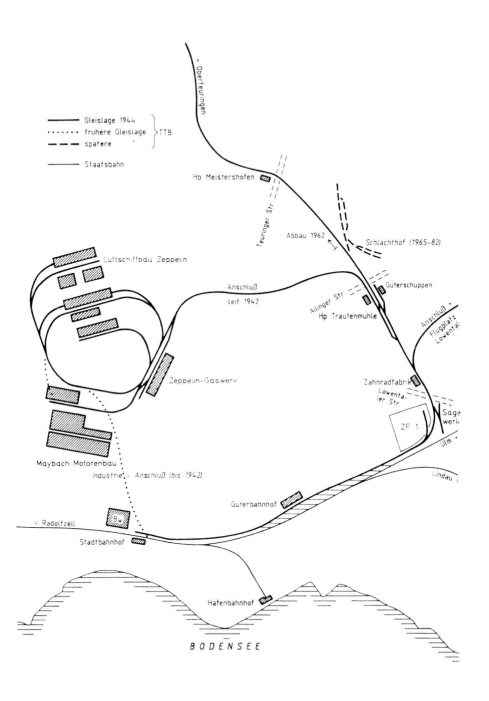

Die Friedrichshafener Industriegleise nach der 1942 erfolgten Umorientierung.

Verstärkung durch Reichsbahn-Lokomotiven

Die beiden T 3-Stammlokomotiven T.T.B. 1 und T.T.B. 2 reichten für die geforderten Lasten und die zusätzlichen Aufgaben nicht mehr aus. Wie schon erwähnt, bestand seit 1942 das etwa 3,5 Kilometer lange Anschlußgleis nach Raderach, um unterirdische Treibstofflager und die Produktionsstätten der V 2-Geheimwaffe zu versorgen. Im Oktober 1943 war das sogenannte A 4-Prüffeld fertig (A 4 war die Codebezeichnug für die V 2). Damit konnten die ersten Triebwerkstests durchgeführt werden. Bei entsprechender Windrichtung waren die Wummer-Geräusche der Raketenmotoren über den Bodensee bis zum Schweizer Ufer zu hören. Das Frachtaufkommen dieser Zeit war beachtlich. 30 bis 40 Kesselwagen erreichten Ende 1943 täglich das Raderacher Tal. Für die Werkstätten rollten Spezialwagen mit Raketenteilen und Rohstoffen zu den Waffenproduktions-Einrichtungen. Eine weitere T 3 wurde nach Friedrichshafen beordert, um die beiden T.T.B. 1 (89 302) und T.T.B. 2 (89 312) zu unterstützen. Diese Lok trug bei ihrer Ankunft die Beschilderung Rbd Stuttgart, (Bw) Stuttgart.

Doch als 1943 dann die T.T.B. 2 wegen Kesselverschleißes abgestellt werden mußte, die Zuglasten weiter zunahmen, herrschte erneut Lokmangel. Die Reichsbahn stellte daraufhin zwei Lokomotiven der Baureihe 94.1(ex württembergische Tn) zur Bedienung der Strecke ab.

Die 89 369 mit Lokführer Fischer (links) und seiner Frau, rechts Zugführer und Reservelokführer Kling, auf dem Führerstand ein Ferienkind.

Sammlung: Gemeinde Oberteuringen

Im
Namen des Führers

ernenne ich

unter Berufung in das Beamtenverhältnis
auf Lebenszeit

DEN ANGESTELLTEN DER TEURINGER TAL-BAHN GMBH

HERRN KARL FISCHER

ZUM OBERLOKOMOTIVFÜHRER.

Ich vollziehe diese Urkunde in der Erwartung,
daß der Ernannte getreu seinem Diensteide
seine Amtspflichten gewissenhaft erfüllt und
das Vertrauen rechtfertigt, das ihm durch diese
Ernennung bewiesen wird. Zugleich darf er
des besonderen Schutzes des Führers sicher sein.

STUTTGART, DEN 1. JANUAR 1944

Für den Reichsverkehrsminister
Der Präsident der Reichsbahndirektion

I A

Häring

Nachdem das Güteraufkommen durch die Kriegsproduktion besonders ab 1943 erheblich zugenommen hatte, kam verstärkt die Baureihe 94.1 zum Einsatz. Oben ist die 94 114 und unten 94 117 bildlich festgehalten. Hinter der 94 117 ist das ursprüngliche Bankgebäude der Raiffeisenkasse Oberteuringen zu erkennen.

Beide Aufnahmen: Archiv des Zeppelin-Museums

Am 14. August 1943 mißachtete der Fahrer eines Wehrmachts-Omnibusses beim Bahnübergang Löwentaler Straße in Friedrichshafen die Vorfahrt des Zuges. Diese während der Unfallaufnahme entstandenen Bilder zeigen dessen eigenwillige Zusammenstellung mit einer Lok der Baureihe 94.1 in der Mitte.

Beide Aufnahmen: Sammlung Rolf Lösch

Von 1943 bis 1945 wurden auch zwangs-
verpflichtete ausländische Arbeitskräfte
bei der TTB eingesetzt. Aus Holland
wurden drei Lokomotivheizer abkommandiert, die in ihrer aktiven Zeit sogar zum
Fotografieren kamen. So ist dieses Bild
der 75 050 vom Januar 1944 erhalten
geblieben, die Vorspann vor der T.T.B. 1
leistete. Vor der Lok stehen die Holländer
Heinrich Volkers – Heizer, Adrian Westing
(der als Hilfsbäcker bei der Bäckerei
Fessler arbeitete), Reinhardt J. Kruug –
Heizer und Soman van Belzen – Heizer.

Nochmals 1944 die vier oben genannten
Holländer mit der Lok T.T.B. 1 – ganz
rechts steht der „Wadi", ein Auto-
mechaniker aus Oberteuringen.

*Beide Aufnahmen: R . J. Kruuk
(Archiv der Gemeinde Oberteuringen)*

Luftaufklärerbild der Royal Air Force vom 16. April 1945, worauf zwischen unzähligen Bombentrichtern auch die Gleisanlagen in Friedrichshafen erkennbar sind.

Aufnahme: Royal Air Force, Air Photo Libary (University of Keele)

Diese Abbildung verdeutlicht den Streckenverlauf ab dem Berger Güterschuppen. Deutlich ist auch der Gleisanschluß vom Teuringerried nach Raderach zu erkennen.

Aufnahme: Royal Air Force, Air Photo Libary (University of Keele)

Luftaufnahme von Oberteuringen im April 1945. In der Bildmitte der Ortskern, links davon ist das Bahngeländne gut auszumachen.

Aufnahme: Royal Air Force, Air Photo Libary (University of Keele)

Während des Krieges verrichtete wahrscheinlich eine Wehrmachts-Diesellok die anfallenden Rangierarbeiten in Raderach. Nach dem Krieg stand jedenfalls die spätere V 36 122 (Deutz 55100/1944) im Reichsbahn-Ausbesserungswerk Friedrichshafen beschädigt abgestellt. Sie wurde 1949 wieder aufgearbeitet und zunächst in Friedrichshafen bis zum 18. November 1950 eingesetzt. Anschließend kam sie nach Offenburg.

Teuringertalbahn						277 c (316 n) Friedrichshafen–Oberteuringen						Alle Züge nur 3. Kl.
						‡ 277 b, 279. ⊥ 394. ⊡ a nur Sa b tägl. außer Sa						

W 5	301	19	21	W 25	W 29	31	km	RBD Stuttgart	W 4	6	W 12	14	S 18	W 22	W 26	28
... 6 45	9¹ 8	... 12 46	6 15 15	15 45	17 55	18 55	0,0	Ab Friedrichshafen Stadt ‡ An	6 0	7 23	11¹44	12 13	19 55	14 35	17 18 15	...
... 6 51	9 14	... 12 52	15 21	15 51	18 1	19 1	1,8	⚒ Friedrichshafen-Zahnradfabrik	5 55	7 25	11 39	12 8	12 50	14 30	17 15 18 10	...
... 6 54	9 19	... 12 55	15 24	15 54	18 4	19 4	2,5	Friedrichshafen-Trautenmühle	5 52	7 20	11 36	12 5	12 47	14 27	17 13 18 7	...
... 6 59	9 26	... 13 8	15 29	15 59	18 13	19 9	3,4	Friedrichshafen-Meistershofen	5 42	7 15	11 31	12 0	12 42	14 22	17 8 18 2	...
... 7 10	9 40	... 15 7	15 36	16 6	18 20	19 16	5,7	Berg	5 48	7 8	11 44	a	12 35	14 15	17 1 17 55	...
... 7 15	9 46	... 13 18	15 41	16 11	18 25	19 21	6,8	Kappelhof	5 35	7 3	11 09		12 30	14 10	16 56 17 50	...
... 7 21	9 52	... 13 18	15 47	16 17	18 31	19 27	9,6	V Unterteuringen	5 29	6 57	11 13		12 24	14 4	16 50 17 44	...
... 7 24	9¹55	... 13 21	15 50	16 20	18 34	19 30	10,7	An Oberteuringen Ab	5 25	6 53	11¹10		12 20	14 0	16 48 17 40	...

Jahresfahrplan 1944/45, gültig vom 3. Juli 1944 an bis auf weiteres

Die Kriegswirtschaft verhalf der Bahn zu ungeahntem Aufschwung. Doch die Blüte war nur von kurzer Dauer. Bereits am 20. und 21. Juni 1943 gab es einen ersten Luftangriff auf Friedrichshafen. Die vermeintlich ruhige Lage am Bodensee weitab vom Kampfgeschehen war dahin. Neben weiteren Bombenangriffen am 27./28. April 1944 flogen die Alliierten 1944 zwei gezielte Bombenangriffe auf Raderach. Längst war durchgesickert, daß hier eine Außenstelle von Peenemünde an der Montage der V 2 beteiligt war. Der erste Angriff verfehlte sein Ziel. Die Bomben trafen Unterteuringer Häuser, eine Kapelle und weiter westlich Richtung Hepach fielen größere Bombenmengen in die Felder. Nach dem ersten Angriff wurden KZ-Häftlinge aus Dachau zum Räumen der Bomben abkommandiert. Das zweite Bombardement vom 16. August 1944 hat dann sein Ziel erreicht, die Anlagen in Raderach wurden getroffen, Teile des Werkes beschädigt. Die Lage am Bodensee bot keinen ausreichenden Schutz mehr, die beschleunigte Verlagerung der Produktion zum Henschel-Werk nach Wien wurde angeordnet – gemeint ist die Wiener Lokomotivfabrik Floridsdorf (WLF), die damals Henschel unterstand.

Ein vorsichtiger Neuanfang

Schon kurz nach Kriegsende kam der Verkehr – wenn auch zunächst recht dürftig – wieder ins Rollen. Ein Zug nach Friedrichshafen morgens zur und einer nach der Arbeit zurück (sofern es welche gab), das war der zaghafte Neustart.

306n Friedrichshafen Stadt – Oberteuringen (Teuringertal-Bahn)

⊕ Bedarfshaltepunkt.
⊕ arrêt facultatif.

W 29 3.		km	Zug Nr / Klasse	RBD Karlsruhe	Zug Nr / Klasse		W 4 3.
w17 05	...	0,0	ab	Friedrichshafen Stadt 301b.306 an		...	w 7.00
17 11	...	1,8	⚒	Friedrichshafen-Zahnradfabrik ⊕	⤴	...	6.55
17 14	...	2,5		Friedrichshafen-Trautenmühle ⊕		...	6.52
17 19	...	3,4		Friedrichshafen-Meistershofen...		...	6.47
17 26	...	5,7		Berg		...	6.40
17 31	...	6,8		Kappelhof ⊕		...	6.35
17 37	...	9,6	V	Unterteuringen ⊕	⬛	...	6.29
w17 40	..	10,7	an	Oberteuringen	ab	...	w 6.25

aus dem Kursbuch „Französisch besetzte Zone" 1946

71

Rückbau Raderach

Hier stationierte französische Truppen sprengten im April 1948 die Überreste in Raderach. In einem Protokoll ist der Schlußakkord notiert:

7.4.48 17.⁰⁰ h	*Sprengung eines Prüfstandes, Wirkung total, starke Schäden am angrenzenden Wald. Dachschäden in Raderach selbst. Etwa 15.000 Dachziegel abgedeckt, Risse in den Häusern.*
8.4.48 17.⁰⁰ h	*Sprengung der Maschinenhalle. Da die Halle nur teilzerstört wurde, mußte am nächsten Tag nachgesprengt werden.*
9.4.48 17.⁰⁰ h	*Sprengung des Wasserreservoirs am Mittelberg. Nachsprengung am Maschinenhaus.*
10.4.48 11.⁰⁰ h	*Weitere Nachsprengung am Maschinenhaus – mit endgültiger Zerstörung. In Raderach keine weiteren Schäden, dagegen in Bergheim wurden Zimmerdecken beschädigt. In Hepbach ging ein Kirchenfenster zu Bruch.*
11.4.48	*Sonntagsruhe*
12.4.48	*Anfuhr von drei Waggon Sprengmittel.*
14.4.48 17.⁰⁰ h	*Prüfstandsprengung – Totalwirkung. Waldschäden, kleinere Schäden in Efrizweiler, kleinere Schäden in Markdorf.*
15.4.48 17.⁰⁰ h	*Sprengung des dritten Prüfstandes. Besonders starke Sprengung mit großen Waldschäden.*
16.4.48 17.⁰⁰ h	*Sprengung des Messhauses (Rundbau) – Totalwirkung*
17.4.48 17.⁰⁰ h	*Sprengung der zum Maschinenhaus führenden Werkstraße mit Totalwirkung.*
18.4.48	*Sonntagsruhe*
19.4.48 17.⁰⁰ h	*weitere Straßensprengungen*
20.4.48 17.⁰⁰ h	*Straßensprengungen und Sprengen des Gebäudes für Stromverteilung.*
21.4.48 17.⁰⁰ h	*Sprengung des Luftschutzstollens mit dem großen Wirtschaftsgebäude. Keine Ortschaftsschäden, aber Verwüstung der Felder über dem Stollen und Ausbruch eines Waldbrandes. Löschen der Feuer durch die Ortsfeuerwehr. Durch die Sprengung des Wirtschaftsgebäudes wurden auch die Telefonleitungen in den Ort Raderach in Mitleidenschaft gezogen.*

Den französischen Truppen wurde bescheinigt, daß sie mit großer Rücksichtnahme auf die Bevölkerung vorgingen. Die Zufahrtsgleise wurden geschleift, der Schotter teilweise für Straßenreparaturen und Ausbesserungsarbeiten freigegeben.

Am 21. August 1948 wandte sich die Gemeinde Raderach an die damals zuständige Verwaltung in Ravensburg mit der Frage, ob der Bahndamm – wo sämtliche Gleise und Schwellen entfernt worden waren – wieder der landwirtschaftlichen Nutzung übergeben werden könne. Da die deutsche Zivilbehörde nicht alleine verfügungsberechtigt war, sprach Bürgermeister Gnädinger von Raderach bei der französischen Dienststelle GRAW Ravensburg vor. Auf einem etwa 5 x 5 cm großen Notizzettel erhielt er die Erlaubnis zum endgültigen Schleifen des Bahndammes handschriftlich in französischer Sprache.

Bundesbahnzeit

Nach dem Zweiten Weltkrieg verdienten sich Lokomotiven der Baureihen 75.0 (ex württembergische T 5) und 94.1 (ex württembergische Tn) ihr Gnadenbrot auf der Nebenbahn nach Oberteuringen. Doch einer kurzen Scheinblüte direkt nach dem Krieg, wo alle gangbaren Fahrzeuge genutzt wurden, folgte die ernüchternde Erkenntnis, daß die Bahn in friedlichen Zeiten kaum eine Chance zum Überleben hatte. Friedrichshafen war sehr stark zerbombt, die Wirtschaft lag am Boden, durch das Verbot der Alliierten durften auch die ursprünglich Kriegsgüter fertigenden Betriebe nur zaghaft wieder Zivilprodukte herstellen.

Das drohende Schicksal nahte, nachdem die Deutsche Bundesbahn als West-Nachfolger der Reichsbahn nicht alleine ihre Beförderungspflicht, sondern mehr und mehr die Kosten beachten mußte.

Vor allem für den Personenzugdienst ließen die Königlich Württembergischen Staats-Eisenbahnen ab 1910 insgesamt 96 Maschinen der Klasse T 5 bei der Maschinenfabrik Esslingen und der Maschinenbau-Gesellschaft Heilbronn fertigen. Aus der Nachkriegszeit stammt die untenstehende Abbildung von 75 044 im Zeppelin-Werksgelände beim Abtransport von Behältern. Im Hintergrund die nördlichste der Zeppelin-Hallen, welche zur Senkrechtmontage der V 2 vorgesehen war und deshalb den turmartigen Vorbau erhalten hatte. Die Fracht war für den Auftraggeber Henkel bestimmt.

Sammlung: Heinrich Hunger

Schlußakkord – *„Sterben auf Raten"*

Zur Sommerzeit 1952 war die TTB-Welt noch in Ordnung. Der Fahrplan umfaßte mehrere Zugpaare sowie einen werktäglichen Zubringerzug für Werktätige um 6.15 Uhr ab Friedrichshafen nach Trautenmühle zum frühen Arbeitsbeginn und einen Nachmittagszug um 16.38 Uhr ab Trautenmühle zurück nach Friedrichshafen nach Feierabend.

306k Friedrichshafen Stadt –
Oberteuringen
(Teuringertal-Bahn)   a ✗ außer Sa
Alle Züge nur 3. Klasse

✗4461	✗1363	9433	✗1375	✝1377	km	Zug Nr	ED Karlsruhe	Zug Nr
✗4.55	✗6.15	12.40	✗16.52	✝18.47	0,0	ab	**Friedrichshafen** Stadt ✝	305.306 an
	16.21	12.46	16.58	18.53	2,0		Friedrichshafen - Zahnradfabrik ..	▲
5.01	✗6.23	12.49	17.01	18.56	2,6		Friedrichshafen - Trautenmühle ..	
	an	12.54	17.05	19.01	3,4		Friedrichshafen - Meistershofen...	
5.10	...	13.01	17.12	19.08	5,5		Berg (b Friedrichshafen)	
	...	13.06	17.16	19.13	6,7		Kappelhof	
	...	13.12	17.22	19.19	9,0	▼	Unterteuringen	▮
✗5.18	...	13.15	✗17.25	✝19.22	10,0	an	**Oberteuringen**	ab

Sommerfahrplan 1952

Doch der Personenverkehr war nicht das bestimmende Wirtschaftselement der Strecke nach Oberteuringen. Sie sollte die erste Bahnlinie der Bundesbahn sein, für die die Stillegung des Personenverkehrs beantragt wurde.

In der Schlußphase der Zugbedienung im Teuringertal rollten sowohl Lokomotiven der Baureihe 64 als auch Personenwagen bayerischer Herkunft nach Oberteuringen. Die Aufnahme entstand auf dem Streckenabschnitt zwischen Meistershofen und Berg.

Sammlung: Heinrich Hunger

Aus dem Jahr 1952 ist neben den Einheitslokomotiven der Baureihe 64 auch der Einsatz einer Maschine der Baureihe 75.1-3 (ex badische VI b) auf der Nebenstrecke Friedrichshafen – Oberteuringen überliefert. Lange dürfte diese Lok aber sicher nicht hier gefahren sein.

Bereits zum Winterfahrplan 1952/53 wurde der Mittagszug durch einen Bahnbus ersetzt. Aber noch verkehrten die Zugpaare 1361/62 am Morgen sowie 1375/76 am Abend. Es fuhren zudem noch 1363 und Samstags 1372/73 zwischen Friedrichshafen und dem Haltepunkt Trautenmühle. Doch der nächste Schritt zur Stillegung war mit der Ankündigung am 10. Februar 1954 eingeleitet, daß der Personenverkehr vollständig auf die Straße verlagert werden sollte.

306 k Friedrichshafen Stadt **– Oberteuringen** (Teuringertal-Bahn)

Winterfahrplan 1953/54

1954 Aufgabe des schienengebundenen Personenverkehrs

Trotz heftiger Gegenwehr der Kommunalpolitiker und vieler Bürger konnten diese die Bahnverwaltung nicht umstimmen. Die Bundesbahn-Direktion Stuttgart wies nach, daß die Strecke nach Oberteuringen die unrentabelste ihres Bezirkes sei. In den Veröffentlichungen zur Rechtfertigung der Stillegung ist von einem Kostendeckungsgrad von gerade zehn Prozent die Rede. Nach der Ausdünnung des Zugverkehrs 1952 und der Einrichtung des parallelen Busverkehrs war der Anfang vom Ende eingeläutet.

Trotz großer Anteilnahme der Gemeinden und des Versuches auch der Frachtgut-Besteller für ihre Bahn zu kämpfen, endete mit Ablauf des Winterfahrplans 1953/54 die Reisezugära im Teuringer Tal. Alle Betriebe, die über die Bahn verfrachteten, wußten genau, daß damit nur eine Galgenfrist für den Güterverkehr gegeben war.

So ist ein Brief der Deutschen Bundesbahn an die Landwirtschaftliche Bezugs- und Absatzgenossenschaft (BAG) vom 31. März 1954 gerichtet, in dem mit der Stillegung des Personenverkehrs auch bereits die Aufgabe des Güterzugverkehrs begründet wird: Er enthielt einen Hinweis, daß auf DM 100,- Einnahmen über DM 900,- Ausgaben anfallen und der größte Platz an der Bahnlinie im Durchschnitt lediglich drei Wagenladungen je Monat versenden und nur etwa zwölf empfangen würde.

Ein nahezu gleichlautendes Schreiben ging auch an die Firma Hanser-Ulmer in Neuhausen/Rav., welche noch das ursprüngliche Lagerhaus in Oberteuringen betrieb.

Stammkunde Hanser, wichtiger Obstversender

Josef Hanser

zur Brücke

| Obst-Großverteiler |
| Gurken - Landesprodukte - Düngemittel |

Fernsprecher: Oberteuringen Nr. 75   Postscheck-Konto: Stuttgart Nr. 14126 - Bankverbindung: Gewerbebank Ravensburg
Postfach: Oberteuringen Nr. 1

Briefkopf

Wie schon erwähnt, war die Firma Hanser, später Hanser-Ulmer einer der ersten und auch bedeutendsten Kunden der TTB. Obst, landwirtschaftliche Produkte, Kunstdünger und Heu gehörten zu dem Warensortiment. Die Ansiedlung am Streckenende der Bahn in Oberteuringen brachte die notwendigen Tonnagekilometer. Bei einem Durchblättern der alten Frachtbriefe wird deutlich, daß ganz Deutschland zu den Abnehmern des Bodenseeobstes gehörte.

Um dieses darzustellen, sind einige der Empfängerorte stellvertretend aufgelistet:

Westliche Regionen:	Östliche Regionen:
München	Berlin
Stuttgart	Stralsund
Frankfurt (Main)	Leipzig
Duisburg	Dresden
Worms	Gleiwitz
Crailsheim	Wilkau-Haßlau i. S.
Mönchengladbach	Zwickau
	Chemnitz
	Litzmannstadt
	Memel (Ostpreußen)

Häufig waren die Abnehmer der Bodenseewaren die Großmarkthallen der Städte, aber auch potente Nahrungsmittel-Händler standen auf den Kundenlisten. Nach Kenntnis dieser Empfängerstädte ist leicht nachvollziehbar, daß nach dem Krieg eine starke Veränderung der Warenströme erfolgen mußte.

Die Bahnverfrachter mußten damals ein Bescheinigungsbuch für aufgegebene Güter führen, so auch die Firma Josef Hanser, Neuhaus – mit Ihrem Obsthandel in Oberteuringen. Eines dieser Bücher ist erhalten geblieben. Das vorliegende Exemplar registrierte alle Transporte vom 3. August 1938 bis 18. Dezember 1941 und die der Nachkriegszeit vom 7. August 1950 bis 17. November 1951. Auch für die Güter-

76

wagenfreunde stellen solche Aufzeichnungen eine interessante Quelle dar, weil darin auch die jeweils verwendeten Güterwagentypen notiert sind. Während bis Oktober 1939 nur deutsche Gattungsbezeichnungen vorkommen, tauchen ab November des ersten Kriegsjahres auch Wagen aus den okkupierten Gebieten auf.

Selbst nach dem Krieg blieb Obst ein wichtiges Transportgut. Aus der ersten Ernte nach dem Krieg ist ein Wiegezettel erhalten geblieben.

Wiegezettel des Wagens Danzig 24475, beladen mit frischen Speisekartoffeln.

Sammlung: Familie Hanser-Ulmer

Teuringer Talbahn G. m. b. H. — Gleiswaage

				kg Gesamt-gewicht ohne Deck mit	Wagen Nr. *24475* Eig. *Danzig*
				kg Eigeng. angesch ermittelt	Gattungs-zeichen } Tragf. kg Gewogen am **-5. Okt. 1945** 194
1	*5*	*7*	*0*	*0*	Gewicht der Ladung

durch (Unterschrift)
CV 0307

◆ ◆ ◆

Etwa Ende der fünfziger Jahre war der Bahnhof Oberteuringen schon ziemlich zugewachsen. Links ist das Toiletten-Häuschen zu erkennen.

Aufnahme: Archiv der Gemeinde Oberteuringen

Die landwirtschaftliche Bezugs und Absatzgenossenschaft (BAG)

Ein weiterer wichtiger Kunde und Versender über die gesamte Lebenszeit der Bahnlinie war die Landwirtschaftliche Bezugs- und Absatzgenossenschaft. In Oberteuringen war diese mit einem Lagerschuppen für Obst und Gemüse, einem Schuppen für Kunstdünger und ihrer Genossenschaftskasse (Raiffeisenkasse) vertreten.

Im Briefkopf war das Lagerhaus von Oberteuringen mit einer TTB-T 3-Lokomotive enthalten.

Sammlung: Familie Hanser-Ulmer

Doch trotz aller Bemühungen der großen Obstversender, wieder an die erfolgreichen Zeiten kurz vor und im Kriege anzuknüpfen, kamen die Bahn und die Obstbauern nicht mehr auf die alten Frachtzahlen. Im Nahbereich wuchs der Lastkraftwagen-Verkehr rasch zur dominanten Konkurrenz, ein großer Teil der Fernkunden war durch Europas neue, langjährige Grenzzäune dem Markt entzogen.

Auch für die Namen der damals versendeten Obst und Apfelsorten sind die Frachtbriefe und Rechnungen fast ein Lexikon. Welcher Städter kennt noch:

Glasrenette   Chüssenreiner   Bohnapfel   Champagner Ontario Jäger

Gnadenfrist

Betrachtet man die Frachtlisten der Nachkriegszeit, so hatte sich in der Zusammensetzung des Güterverkehrs kaum eine Änderung ergeben. Hauptsächliche Güter, die zum Versand kamen, waren nach wie vor Obst und Gemüse aus dem Bodenseeraum. Leider machte sich die Unzugänglichkeit der Ostgebiete unseres Landes auf die Verfrachtung sehr negativ bemerkbar, denn vor dem Kriege ging der größte Teil nach Sachsen und Mitteldeutschland.

Obstverladung in Oberteuringen in den fünfziger Jahren. Als wesentliches techni-
sches Hilfsmittel stand ein Förderband zur Verfügung. Der Behälterverkehr „Von
Haus zu Haus" war wieder aufgenommen worden, die Güterwagen besaßen teilweise
noch Bremserhäuschen.

Beide Aufnahmen: Erwin Hildebrand, Sammlung: Albert Löhle

Bei den angelieferten Frachtgütern nahmen Düngemittel mit über neunzig Prozent den Hauptteil ein. Als Versandbahnhöfe finden sich in den Frachtpapieren Ruhr, Igel, Ludwigshafen – also die Orte, wo auch die großen Chemiefirmen zuhause sind – und als Empfänger die landwirtschaftlichen Organisationen in Berg, Ailingen und Oberteuringen.

Trotz der umfangreichen Gleisanlagen im Zeppelin-Industriegebiet und der hier ansässigen namhaften Industriebetriebe in Friedrichshafen, die ja ab 1943 über die TTB-Strecke bedient wurden, kamen in den fünfziger Jahren keine großartigen Frachtzahlen zustande.

Die Gesamtstrecke wurde dann noch weitere sechs Jahre im Bedarfsgüterverkehr betrieben. Aus dieser Zeit sind Einsätze der Baureihen 64 und 75.0 (ex württembergische T 5) dokumentiert.

Doch das Ende nahte nun unaufhaltsam. Im März 1958 kündigte die Bundesbahn die Absicht an, die vollständige Stillegung der Strecke zu betreiben. Noch einmal gab es ein Aufbäumen der betroffen Gemeinden und wirtschaftlichen Anlieger.

Josef Hanser, der in seinem Schriftkopf die gesamte Palette der Firma aufzeigt: „Obst-Versandverteiler, Gurken, Landesprodukte, Düngemittel" warf sich nochmals ins Zeug und verwies auf die schon von den Eltern Josef und Kreszentia Hanser auf die Bahn abgestimmte Firmengründung.

Auch der Landesbauernverband versuchte, seinen Einfluß geltend zu machen. Die IHK wurde aufgefordert, für alle Betroffenen entsprechende Erörterungsrunden durchzuführen.

Erstaunlich für die damalige Zeit, wenn man sich unsere heutigen Diskussionen zum Straßenverkehr betrachtet, wurde in Schreiben der Gemeinden darauf hingewiesen, daß Behälter-Transport und Schwerlastverkehr nicht mit dem Gedanken der Verkehrssicherheit in Einklang zu bringen seien.

Die Deutsche Bundesbahn konterte mit einer von ihr durchgeführten Verkehrszählung von PKW- und LKW-Fahrten in den entsprechenden Gemeinden. Anhand dieser Zahlen konnte sie nachweisen, daß durch den Wegfall der Güterzüge nur etwa fünf Prozent mehr Lastverkehr auftreten würde.

In einem Schreiben der Landwirtschaftlichen Bezugs- und Absatzgenossenschaft Oberteuringen vom 27. Januar 1959 wird das Problem der Bahn deutlich:

Waggon-Versand und -Empfang: 1. Januar 1958 bis 31. Dezember 1958

Eingang:	Düngemittel	29 Waggons	
	Futtermittel	3	
	Stroh	1	
	Saatgut	3	
	Kohlen	5	
	Spritzmittel	1	
		42 Waggons	

Ausgang:	Tafelobst	54 Waggons	(781,2 t)
	Mostobst	10	(251,3 t)
	Gurken	2	(10,5 t)
		66 Waggons	

Dieses Schreiben war als Anlage an alle Landtagsabgeordneten des Kreises beigefügt. Im Prinzip untermauerte es aber die Argumente der Bundesbahn. Im Schnitt waren nicht einmal drei Güterwagen von/bis Oberteuringen je Woche abzufertigen, wobei der Hauptanteil sogar ausschließlich im Herbst abzufahren war.

Das Ende konnte nicht mehr aufgehalten werden. Die Gemeinde Oberteuringen erhielt von der Bundesbahn-Direktion Stuttgart mit Datum vom 22. Januar 1960 ein kurzes Schreiben:

Stillegung der Nebenbahn Friedrichshafen – Oberteuringen.

Der Herr Bundesminister für Verkehr hat mit Erlaß vom 30.12.1959 – E 4 Baon 5495 Bb 59 – die dauernde Einstellung des Betriebs auf der Nebenbahn Friedrichshafen – Oberteuringen genehmigt.

Wir werden die bedarfsweise Bedienung des Wagenladungsverkehrs auf der Nebenbahn ab 15. Februar 1960 einstellen.

Am 15. Februar 1960 erfolgte die Stillegung der Nebenstrecke Friedrichshafen – Oberteuringen. Das 2,5 Kilometer lange Teilstück im Abschnitt von Friedrichshafen bis Trautenmühle blieb – zum Industriegleis degradiert – zur Bedienung der Gleisanschlüsse bestehen.

Eine kleine Renaissance erlebte die ehemalige Strecke 1964/65 nahe dem Sport-Stadion in Friedrichshafen. Nach dem Abbau der Bahnanlagen 1962 endete zunächst das Gleis etwa beim ehemaligen Streckenkilometer 3,3. Die Erweiterung der Sportanlagen und die Fertigstellung des Schlachthofes im Juni 1965 machten dann aber eine Umlegung des letzten Gleistückes erforderlich, da der Schlachthof bei der ehemaligen Trautenmühle auf der Schiene beliefert werden sollte. Da von der Topographie her das Einfahrgleis zum Schlachthof idealerweise nach Süden ein-münden mußte, wurde ein neuer Schienenstrang parallel zum Sportplatz verlegt. Das neue Umsetzgleis selbst entstand nördlich des Schlachthofes abseits der früheren Trasse nach Meistershofen. Davon führte der Anschluß in den Schlachthof. Dieser bestand bis 1982. Heute sind hier die Technischen Werke der Stadt Friedrichshafen untergebracht.

Ab 1968 wurden die letzten Spuren in Oberteuringen beseitigt. Das Bahngelände und die dazugehörenden Bahnhofsbauten standen dem Ausbau der Landstraße 328 im Wege und fielen der Spitzhacke zum Opfer. Durch Flurbereinigungen, Straßen-bauten, Abriß der Bahnhöfe in Oberteuringen und Berg sind von der Bahn nur noch wenige Spuren auszumachen.

Der Bahnhof Oberteuringen mit dem Angestellten-Wohnhaus von der Straßen-seite her gesehen, kurz vor seinem Abriß 1968. An dieser Stelle steht heute der große Raiffeisen-Markt.

Aufnahme: Josef Nägele

Die T.T.B.-Lokomotiven

Die Ankäufe der ersten Triebfahrzeuge verwundern den Kenner des Kleinbahnwesens. Aus welchen Gründen gerade die Wahl auf diese Loks fiel, läßt sich rückblickend kaum mehr beantworten. Allerdings zeigen die nur kurze Einsatzdauer und der baldige Verkauf, daß die Bahnverantwortlichen den Fehlkauf erkannten und korrigierten.

1. Lok wü.-Type B Nr. 243 Fabr. Nr. 981/1869 MF Esslingen

Die Lok stammt von den Königlich Württembergischen Staatseisenbahnen (KWStE) und trug bei Indienststellung den Namen *„ERLANGEN"*. Beim Kauf Anfang 1922 bezahlte das junge Unternehmen 145.000,- Mark für die von der Eisenbahn-Direktion Stuttgart übernommene Maschine.

Die relativ schwere 1 B Schlepptender-Lokomotive war absolut keine Nebenbahnlok. Ohne Wendemöglichkeit an den Endstellen mußte sie bei der Rückfahrt mit dem Tender voraus betrieben werden. Die schwere und große Maschine belastete zudem mit hohem Kohle- und Wasserverbrauch den Etat.

Als 1922 vor Betriebseröffnung an die Württembergischen Nebenbahnen das Ansinnen auf Betriebsführung gerichtet wurde, bezeichnete der WN-Direktor diesen Kauf als *„ungünstig"* – außerdem sei die Lok ein *„Kohlefresser"*.

Immerhin hatte diese Lokomotive die Ehre, den Festzug bei der feierlichen Eröffnung der TTB am 31. Mai 1922 zu bespannen. Die Lok behielt ihre angestammte Nummer 243 übrigens auch bei der TTB.

Kurzbeschreibung

Konventionell gebaute Zweizylinder-Naßdampf-Schlepptenderlokomotive mit der Achsfolge 1 B, gekuppelt mit württembergischem Tendertyp XI.

Länge über Puffer	13.210 mm	Max. Achsdruck	11 t
Schlothöhe	3.870 mm	Leergewicht	25,5 t
Treibraddurchmesser	1.530 mm	Dienstgewicht	29,0 t
Vorlaufraddurchmesser	930 mm	Reibungsgewicht	20,7 t
Achsstand	3.285 mm	Rostfläche	0,98 m^2
Zyl. Durchmesser/Hub	408/561 mm	Dampfdruck	9 atü

Der Abgang der Maschine ist ebenfalls dokumentiert. Das Aufsichtsratsprotokoll vom 2. Oktober 1925 vermerkte dazu folgendes:

„Punkt 2 der Tagesordnung

Die alte B.Lok ist an die Firma M. Dreyfuss Söhne, Heilbronn a. N. zu Mk. 2.400,-
ab Station Friedrichshafen, zahlbar gegen ein Dreimonatsaccept, Reichs-
bankdiskont zu Lasten der Käuferfirma, verkauft worden. Auch dieser Verkauf
erscheint recht vorteilhaft."

Dreyfuss war ein Stahl und Schrotthändler mit ursprünglichem Firmensitz in Öhringen
sowie Niederlassungen in Heilbronn und Reutlingen. In Heilbronn besaß die Firma
ein Werksgelände mit Gleisanschluß im Hafen. Ob die Lok dem betriebsinternen
Verschub dienen sollte oder ob sie dort verschrottet wurde, konnte nicht ermittelt
werden.

2. Lok als Lok 120 benannt, Hersteller und genaue Daten sind nicht genannt.

Nach Aufzeichnungen wurde diese Lok im Januar 1922 durch Vermittlung der Württembergischen Nebenbahn in/ab Berlin-Weissensee gekauft. Der Ankauf war der Gesellschaft 275.000,- Mark wert. Die Lok wurde ab Standort Berlin, Weissensee übernommen. Es liegen Notizen vor, aus denen hervorgeht, daß der junge Lokführer
Fischer diese in einer abenteuerlichen Überführungsfahrt aus Berlin abholte!

Zu dieser Lok vermerkt jedoch bereits der Geschäftsbericht von 1926:

„Unsere alte abgängige T 3 Lokomotive 120 haben wir für m. 1.800,- verkauft."

Eine genaue Typisierung taucht in keinem der vorhanden Protokolle auf.

In Berlin-Weissensee war die Eisenbahn-Handelsfirma „Erich am Ende" ansässig,
von der bekannt ist, daß sie einige preußische T 3 gekauft und wieder verkauft hatte.
Eventuell denkbar ist, daß es sich um die Lok Jung T 3 120/1892 handelte, die bei
der Mecklenburger Südbahn als *„NEUSTADT"* MFFE 593 auf der Strecke Parchim
– Neubrandenburg im Dienst war und etwa 1919 dort ausgemustert wurde. (MFFE =
Mecklenburgische Friedrich Franz Eisenbahn). Denkbar ist aber auch, daß es sich
bei der *„120"* um eine ehemalige Bahnnummer handeln könnte.

Als Ersatz der beiden oben genannten Lokomotiven kamen, wie in den verschiedenen Aufsichtsratsprotokollen und Geschäftsberichten der TTB vermerkt ist,
folgende württembergischen T 3 Lokomotiven zur TTB. Diese beiden Lokomotiven
erhielten die *„Hoheitsbezeichnung"* T.T.B. 1 und T.T.B. 2 – was dem Selbst-
bewußtsein der Bahn entsprach und gleichzeitig ihre Eigenständigkeit dokumentierte.
Nachstehend sind die Angaben aus den Archivunterlagen der TTB angegeben. In
Klammern gesetzt sind Ergänzungen aus den KWStE und Reichsbahnlisten.

T.T.B. 1

Beschaffung	Kaufpreis	KWStE-Nr	DRG-Nr.	Hersteller
10.1925	10.000,- Mark	983	(89 302)	Maffei
ab Standort Aulendorf				

Bj.- 1893? (nach KWStE Angaben ist die Lok 1891 gebaut worden)

Die genannte Lokomotive wurde von Krauss/München hergestellt, hier ist wohl etwas nachlässig die Lok „Maffei" (ebenfalls München) zugedacht. Die Lok stammt aber eindeutig als T 3-983 von der KWStE und ihr Hersteller ist Krauss. Die Firmen Krauss und Maffei fusionierten übrigens 1931 zum Konzern Krauss-Maffei.

Vermerkt ist weiterhin, daß der Lokkessel 1912 „erneuert" wurde, und die kupferne Feuerbüchse 1923 neu eingebaut worden war. Die Lok kam von einer äußeren und inneren Revision bei der Betriebswerkstätte Friedrichshafen.

Die unterschiedlichen Angaben des Baujahres sind wahrscheinlich auf einen Tausch-kessel zurückzuführen. Dies war im Rahmen von Hauptuntersuchungen an der Tages-ordnung. War ein Kessel verschlissen und mußte aufgearbeitet werden, so wurde der nächste im Werk fertiggestellte eingebaut. So ist durchaus denkbar, daß die Lok einen aufgearbeiteten Kessel einer ihrer Schwestern mit Baujahr 1893 trug.

Es ist davon auszugehen, daß die Aufschriebe der TTB zuverlässig sind. Somit ist die T.T.B. 1 die bei Krauss, München unter 2540/1891 gebaute 983, vorgesehen als 89 302. Da die Reichsbahn aber bei Angeboten die vorgeschriebene „Loknummer – und die ging mit dem Fahrwerk" benutzte, ist die TBB-Angabe die richtige.

Aus dem Lebenslauf der Lok ist bekannt, daß 1930 die Lok T.T.B. 1 durch das Aus-besserungswerk Cannstatt neue Radbandagen erhielt.

T.T.B. 2

Beschaffung	Kaufpreis	KWStE-Nr	DRG-Nr.	Hersteller
August 1926	7.000,- Mark	(979)	89 312	Esslingen
frei Friedrichshafen				

Die Lok erhielt vor Übergabe an die Teuringertal-Bahn „eine gründliche äußere und innere Untersuchung im hiesigen Werkstättenamt auf Kosten der Reichs-bahndirektion Stuttgart".

In früheren Werken wurde die T.T.B. 2 manchmal als die 89 308 ex. wü 989 ange-führt und bemerkt, daß diese 1944 an Esslingen verkauft worden sei – dies ist nicht der Fall. Denn nach Esslingen wurde die 89 312 ex wü 979 „ESCHENAU" verkauft, die Lok ist noch im Landesmuseum für Technik und Arbeit Baden-Württemberg in Mannheim vorhanden. Um die Verwirrung allerdings zu komplettieren: Teile der Steuerung der „ESCHENAU" tragen Einschläge 2543; diese wären von „LONSEE" wü. 986 später 89 305 gebaut von Krauss.

Die Problematik mit den richtigen Zuordnungen der ehemaligen Nummern oder Reichsbahn-Nummern rührt daher, daß die württembergischen T 3-Lokomotiven ihre großen werbenden Fabrikschilder am Dampfdom trugen und diese bei Kesseltausch entfernt wurden.

Per Definition blieb bei der Reichsbahn oder deren Vorgängerbahnen die Loknummer beim Fahrwerk – somit war das Fabriknummernschild nach einem Kesseltausch am Dom fehlplaziert und mußte dort weichen.

Übersicht über die Lokomotiven bei der TTB

Lok	ex KWStE-Nr.	Fabr.Nr./Bauj.	Hersteller
1. Lok B	243 Typ wü. B „ERLANGEN“	981/1869 + 1925	MF Esslingen
2. Lok 120	–	?	?
TTB 1	983 Typ wü. T 3 „UNTERTÜRKHEIM“	2540/1891	Krauss, München
TTB 2	979 Typ wü. T 3 „ESCHENAU“	2792/1896	MF Esslingen

89 312: Zu dieser Lok ist im Gesellschaftsbericht vom August 1940 angemerkt: *„Die Lokomotive Nr. 2 muß voraussichtlich im Jahre 1941 durch eine neue oder gebrauchte, aber noch gut erhaltene ersetzt werden, da der Kessel nicht mehr reparaturfähig sein dürfte. Schon bei der letzten Revision dieser Lokomotive im Jahre 1938 wurden wir darauf aufmerksam gemacht, daß Kessel und Feuerbuchse derart verbraucht und abgenützt seien, daß eine nochmalige Instandsetzung ausgeschlossen sein dürfte. Die nächste Revision der Lokomotive TTB 2 wird im März 1941 fällig. Zu diesem Zeitpunkt wird geprüft werden, ob die Lokomotive etwa noch für die Dauer von 1 oder 2 Jahren instandgesetzt werden kann oder ob eine nochmalige Überholung unmöglich ist. Auf jeden Fall muß die Betriebssicherheit der Lokomotive gewährleistet sein.“*

In der Niederschrift zur Gesellschafter-Versammlung vom 22. Oktober 1941 ist unter Punkt 6 der Tagesordnung protokolliert:

„Im Jahre 1941 erfolgten bereits folgende außerordentliche Aufwendungen:

Äußere und innere Untersuchung der Lokomotive TTB 1   RM   8.000,-

Äußere und innere Untersuchung der Lokomotive TTB 2   RM 10.000,-“

Und unter Punkt 8, dem Bericht über die Fahrzeuge der Bahn, wird ausgeführt:

„...Bei der Lokomotive TTB 2 hat die Reichsbahn-Direktion Stuttgart erneut erklärt, daß der Kessel dieser Lokomotive derart abgenützt sei, daß nach 2 Jahren eine Ausmusterung erfolgen muß.“

Die Lokomotive T.T.B. 1 in den dreißiger Jahren in Friedrichshafen auf Gleis 1, direkt dahinter der Pack- und Postwagen TTB-2. Dagegen entstand das Bild der Schwesterlok T.T.B. 2 während des Zweiten Weltkrieges, wie an den Verdunkelungsblenden unschwer zu erkennen ist.

Aufnahmen: Ernst Schörner † (Sammlung: Gerhard Moll), Sammlung: H. Hunger

Technische Daten der T.T.B. 1 und T.T.B. 2

	T 3 mit kleinen Wasserkästen
Höchstgeschwindigkeit	45 km/h
Zylinder Durchmesser	380 mm
Zylinder Hub	540 mm
Leistung ca.	260 PS
Kesseldruck	12 kg/m²
Rostfläche	1 m²
Heizfläche Feuerbüchse	5,2 m²
Heizfläche Siederohre	58,7 m²
Heizfläche Gesamt	63,9 m²
Rohrlänge	3.800 mm
Durchmesser innen/außen	41/45 mm
Anzahl der Siederohre	123
Wasservorrat	3,1 m³
Kohle	1,47 m³/t
Treibrad-Durchmesser	1.045 mm
Radstand	3.000 mm
Fester Radstand	3.000 mm
Leergewicht	22,3 t
Dienstgewicht (volle Vorräte!)	29,7 t
Länge Rahmen	7.055 mm
Länge über Puffer	8.505 mm
Befahrbarer Radius	150 m

Die 89 369 – ebenfalls eine württembergische T 3, aber mit langen Tenderkästen – stand ab 1943 auf der Teuringertal-Bahn mit TTB-Personal im Einsatz. Durch die größeren Vorräte bedingt hatte die Lok ein Dienstgewicht von 35,7 t. Die Maschine war bei sonst identischen Abmessungen und Daten die etwas schwerere Ausführung. Da im selben Jahr die Verstaatlichung der Bahn erfolgte, war dies sozusagen schon Amtshilfe. Festgehalten ist jedenfalls, daß bereits im Jahr 1942 für Lokmiete 7.938,- Mark an die Reichsbahn entrichtet wurden.

Neben den normalen Reparaturen, die an jeder Dampflok hin und wieder anstehen, führte größere Arbeiten und die Frist-Untersuchungen das Reichsbahn-Ausbesserungswerk Friedrichshafen durch.

Typenskizze der beiden TTB-T 3

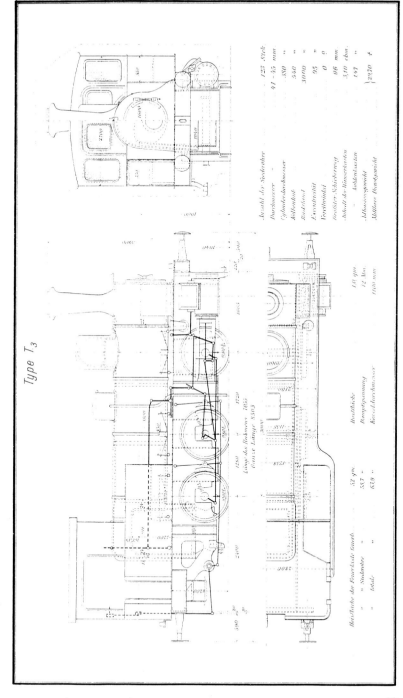

Type T₃

89

Das weitere Schicksal der TTB-T 3

Die T.T.B. 2 wurde im Jahr 1944 an die Herstellerfirma Maschinenfabrik Esslingen für RM 15.000,- verkauft, die nach einer gründlichen Aufarbeitung die Lok für den internen Werksverschub als Lok 2 einsetzte. Dort war sie allerdings durch einige Zurüstteile in ihrem Äußeren etwas verändert. Die Maschine erhielt eine elektrische Beleuchtung, die Lichtmaschine dazu wurde querliegend am hinteren Ende des Sanddomes befestigt. Auch die Kolben-Speisepumpe ist kein typisches T 3-Teil. (ME-Lok 1 war übrigens im selben Haus im Jahr 1922 unter der Fabriknummer 4092 hergestellt worden und überlebte später auf einem Spielplatz in Kornwestheim). Denkbar ist auch, daß die „ESCHENAU" (ex T.T.B. 2) zu ihrer Werkbahnzeit aus lagernden Ersatzteilen teilweise Steuerungsteile der „LONSEE" erhalten hatte. Jedenfalls ist das Betriebsbuch, das der Lok mitgegeben wurde, auf die KWStE 979 ausgestellt und dies war die „ESCHENAU".

Die T.T.B. 2 blieb durch einen glücklichen Umstand erhalten: Nachdem die Dampfepoche der Lok beendet war, wurde sie im Werkhof der Maschinenfabrik Esslingen als Denkmal neben der Zahnrad-Lokomotive 97 502 aufgestellt.

Aber kurz nach der Übernahme durch die Daimler-Benz AG verlor die Lok ihre eigentliche Bestimmung. Die neue Maschinenfabrik war und ist bis heute nur noch eine reine Verwaltungsgesellschaft von Grundstücken und die Erinnerung an die Großtaten des Esslinger Lokomotivbaus nur noch Nostalgie.

Nachdem die Denkmäler Mitte der siebziger Jahre ihren angestammten Platz räumen mußten, kam 97 502 zur Deutschen Gesellschaft für Eisenbahngeschichte (DGEG) nach Bochum-Dahlhausen. Dagegen erhielt die T.T.B. 2 – wieder frisch lackiert – einen Ehrenplatz am Bahnhof Esslingen.

Gott sei Dank blieb ihr das Schicksal vieler Denkmal-Lokomotiven erspart. Die Konzeption des baden-württembergischen Landesmuseums für Technik und Arbeit in Mannheim brachte der Lok eine gesicherte Heimat. Sie dampft seit ihrem Umbau zur Dampfspeicherlok in Darmstadt-Kranichstein am Eingangsbereich des Museums.

Bei der musealen Aufarbeitung hat die Lok nahezu ihr ursprüngliches Erscheinungsbild zurückerhalten. Hierzu gehören: Die Sicherheitsventile liegen wieder im Führerhaus, das Führerhaus selbst ist grün lackiert, der Kessel mit einem Kontroll-Wasserstand und zwei Prüfhähnen versehen, die vorderen Fenster in der Mitte sind in die große Klappe eingebaut worden – um nur einige der markanten Korrekturen zu nennen.

Auch die T.T.B. 1 gelangte nach der Verstaatlichung der Bahn zumindest nochmals kurzzeitig in das Eigentum der Reichsbahn. Ob die Lok allerdings erneut die vorgesehene Reichsbahn-Nummer 89 302 erhalten hat, konnte nicht eindeutig geklärt werden, ist aber eher unwahrscheinlich.

Die frühere T.T.B. 2 überlebte als Werklok 2 in der Maschinenfabrik Esslingen; 1958 stand sie noch im Einsatz (oben). Der Veteran blieb als Denkmal erhalten; 1977 bereicherte die Lok vorübergehend die Umgebung des Esslinger Bahnhofs (unten).

Aufnahmen: Richard Junghans, Werner Willhaus

Was ist geblieben?

Im Stadtgebiet von Friedrichshafen sind die letzten Reste der einstigen Bahn zu finden. Die Streckenführung bis kurz nach dem ehemaligen Haltepunkt Trautenmühle und die Weiterführung des Anschlußgleises ins Industriegebiet Zeppelin-Werft ist sind als Industriegleis noch vorhanden.

Im südlichen Bereich des Stadions ist ein kurzer Rest des weiterführenden Abschnitts Richtung Meistershofen zu finden. Richtung Osten davon führt ein Schienenpaar zu einem Umsetzgleis ab, von dem wiederum nach Süden eine Gleis abzweigt. Die Gleise stammen von dem 1965 bis 1982 bedienten Anschluß Schlachthof Friedrichshafen. Das Umsetzgleis (östlicher als das frühere Stammgleis) liegt bis zum früheren Bahnkilometer 3,2 parallel zum Stadion und ist bereits vom Wald zurückerobert und ziemlich zugewachsen. Noch bis in die neunziger Jahre waren diese Gleiselemente angeschlossen, mit dem Neubau der Friedrichshafener Feuerwehrwache und dem nachfolgenden Umlegen des anschließenden Geländes hinter dem Messegelände, ist auch dieses letzte Stück der Bahn abgetrennt.

Zu Fuß oder mit dem Fahrrad läßt sich der eine oder andere ehemalige Streckenabschnitt erkunden. Sehr gut gelingt dies zwischen Meistershofen und Berg, wo der landwirtschaftliche Fahrweg teilweise auf dem ehemaligen, deutlich sichtbaren Bahndamm verläuft.

Kurz vor Berg liegt die frühere Bahntrasse westlich des Weges. Bei gepflügtem Feld ist der Schotterstreifen im Boden gut zu erahnen. Am besten nachzuvollziehen ist die alte Trasse von Berg bis Kappelhof, wo der alte Bahnkörper als Basis des Feldweges dient.

Von Kappelhof bis zu der Verbindungsstraße Unterteuringen – Raderach ist der alte Bahndamm noch vorhanden, wenngleich sehr zugewachsen. Auf der Dammkrone verläuft ein schmaler Trampelpfad.

Am früheren Endpunkt der Bahn steht auf dem Gelände des Wertstoffhofes noch immer das Hanser-Lagerhaus, letzter Zeuge der Bahnanlagen Oberteuringens. Seine Tage sind wohl allerdings auch gezählt, denn das Gebiet um und hinter dem Bauhof ist als Neubaugebiet ausgewiesen.

Von den Gleisanlagen nach Raderach und den damaligen Werkstätten ist kaum noch etwas übrig geblieben. Der Abzweig im Teuringer-Ried ist nicht mehr zu erkennen, der Schotter wurde restlos entfernt. Die Natur hat sich nach fünf Jahrzehnten ihr Reich zurückerobert. Wo einst die großen V 2-Prüfstände standen, ist heute übermächtig die Mülldeponie des Kreises plaziert. Die Zeugen einer unseligen Zeit liegen im wahrsten Sinne des Wortes unter dem Müll der Geschichte begraben. Nur am südlichen Ende der Deponie sind Reste von Fundamenten zu finden, wo sich das „im Wasser" (= eben) liegende Lade- und Ausziehgleis der Anlage befand.

Und das Schönste zuletzt: Die T.T.B. 2 dampft für die Besucher im baden-württembergischen Landesmuseum für Technik und Arbeit in Mannheim. Vorstellen, wie die kleine Lok an den Flüssen und Bächen entlang durch das Teuringertal dampfte, das können wir uns damit auch weiterhin.

Mit der Zeit wächst Gras darüber ... Gleisreste im Bereich des ehemaligen Anschlusses zum Schlachthof in Friedrichshafen (oben). Der vor Berg ist der alte Bahndamm deutlich sichtbar; inzwischen verläuft hier ein landwirtschaftlicher Weg (unten).

Beide Aufnahmen: Werner Willhaus

Literaturhinweise

Gerd Wolff:

Deutsche Klein- und Privatbahnen (Teil 5: Baden-Württemberg, S. 288 ff), Gifhorn 1972

Hans-Dieter Menges, Gerd Wolff:

Deutsche Klein- und Privatbahnen in Württemberg (S. 102 ff), Freiburg 1995

Gerd Wolff:

Vergessene Bahnen – Die Teuringertalbahn (in: Eisenbahnmagazin, Februar 1978, Seite 26 ff), Düsseldorf 1978

Peter-Michael Mihailescu, Matthias Michalke:

Vergessene Bahnen in Baden-Württemberg (S. 259 ff), Stuttgart 1985

Dr. Ing. Max Mayer:

Esslinger Lokomotiven, Wagen und Bergbahnen, Berlin 1924

Oskar Fraas:

Württembergs Eisenbahnen – Mit Land und Leuten an der Bahn, Stuttgart 1880

Albert Mühl, Kurt Seidel:

Die Württemberischen Staatseisenbahnen, Stuttgart 1980

Heinrich Hunger:

Der Teuringer Blitz (in: Heimatjahrbuch des Bodenseekreises – Band VIII, Tettnang 1990

Raimund Hug-Biegelmann:

Friedrichshafen und die Wunderwaffe V 2 (in: Heimatjahrbuch des Bodenseekreises – Band XI), Tettnang 1994

Raimund Hug-Biegelmann:

„Vergeltung" von Friedrichshafen aus? (in: Raketenpost Nr. 3), Koserow 1994

Die ehemalige T.T.B. 2 als Denkmal im Werkhof der Maschinenfabrik Esslingen.

Aufnahme: Mercedes-Benz

Quellenhinweise

Staatsarchiv Ludwigsburg
> Regierungsblätter; Amtsblätter, Bestände der Eisenbahngeneraldirektion Stuttgart; Akten der Ministerialabteilung für Straßen u. Wasserbau

Gemeindearchiv Oberteuringen
> Akten des TTB-Gesellschafters Oberteuringen; Fotosammlung

Stadtarchiv Friedrichshafen
> Unterlagen *„Die Teuringertal-Bahn"* der Ausstellung 1989; Sonderdruck: Friedrichshafen vor 50 Jahren, *„Eine Stadt in Schutt und Asche"*

Bundesarchiv-Militärarchiv (Freiburg/B.)
> Bildmappe *„Heimat-Artillerie-Park 11, Karlshagen/Pommern"*

Air Photo Libary, Department of Geography, University of Keele; GB
> Luftaufnahmen der Royal Air Force von 1943, 1944, 1945

Archiv des Verkehrsmuseums Nürnberg
> Fahrpläne, Adressbuch der Kleinbahnen

Zeppelinmuseum Friedrichshafen
> Fotos; Aktennotizen der Zeppelinwohlfahrt und Zeppelinwerft

Mercedes-Benz Museum, Stuttgart
> Fotos der Werklok 2 der Maschinenfabrik Esslingen

Landesvermessungsamt Baden-Württemberg
> Luftaufnahmen der US-Air Force; Alte Landkarten

Auskünfte von Bürgern aus Friedrichshafen, Berg, Oberteuringen und Raderach.

Ihren 75. Geburtstag hätte sie 1997 feiern können, die **Teuringertal-Bahn** – wenn nicht die Zeitgeschichte schon vorher einen Prellbock gesetzt hätte. Nach einigen Geburtswehen konnte die Bahn am 1. Juni 1922 in Betrieb gehen. Usprünglich viel umfangreicher geplant, blieb es jedoch bei der Linenführung von Friedrichshafen nach Oberteuringen. Idyllisch gelegen, doch mit jeder schlechten Apfelernte um ihre Existenz kämpfend, konnte das *„Käskistle"* ein turbulentes Auf und Ab über die Jahre verzeichnen, bis sie schließlich 1960 für den Gesamtverkehr stillgelegt wurde. Lassen wir die kleine Nebenbahn nochmals durch das Tal dampfen.